CMを科学する

「視聴質」で知るCMの本当の効果とデジタルの組み合わせ方

横山隆治　著

ＣＭを科学する

「視聴質」で知るＣＭの本当の効果と
デジタルの組み合わせ方

006 はじめに

015 第一章
新たなテレビ視聴データで実態を把握する　―視聴率から視聴質へ―
テレビの視聴実態を正確に捉える
「取引通貨」としてのビデオリサーチのテレビ視聴率
新しく登場したテレビ視聴ログ測定サービス
同じ視聴率でも「視聴構造」や「視聴者定着率」が違うという実態
スイッチ・メディア・ラボ社のSMARTデータ
視聴者クラスターを把握する／テレビのビューアビリティとアテンション
テレビCMの視聴質を分析する／録画再生によるCM到達を加算して考える

052 現場レポート①
脳波測定でここまでわかる！
無意識にアプローチするCM評価測定

065 第二章
クリエイティブを科学する方法論
無理やり見せて意見を聞く調査の限界
AI値というデータでテレビCMクリエイティブを最適化できるか

最初の5秒のAI値が高いと15秒全体も高い／CMの賞味期限と特性　九つのタイプ
視聴者はCMのどのコマに釘付けになり、どのコマで視線を外してしまうのか
AI値（アテンション・インデックス）に影響する要因
タレント起用は効果的か／テレビCMはブランドの文脈で、オンライン動画はユーザーの文脈でつくる
シェアされやすく、かつブランドメッセージが伝わるクリエイティブとは？
オンライン動画をつくってから、テレビCMをつくれ
なぜタケモトピアノのCMで赤ん坊は泣き止むのか／男性脳・女性脳

092　現場レポート②
脳科学で消費者の本音を知る！
ニューロマーケティング最前線

107　第三章
宣伝部が採用すべき新たな考え方

なぜ最もコストの高いテレビCMが、経験と勘の世界で許されてきたのか
宣伝部こそデータ武装を急げ／テレビCMの効果としての購買データ
デジタル時代に浮き彫りになるテレビCMの二つの欠点／テレビスポットCMの二つの課題
「テレビCMとオンライン動画の組み合わせ」三つの考え方
テレビCMとオンライン動画広告をインプレッション数でシームレスに管理する
「予算がプランを決めてしまう」状況からの脱却を
テレビCM到達の実態を知ろう／クリエイティブ・ブリーフのつくり方
テレビCMだけで「コア・アイデア」を考えるべきではない
DMPを使ってテレビCM出稿を最適化する／リアルタイム運用で最適化する
購買が期待できる消費者の数でマーケティング手法を考える
テレビCMが当然のように行われているブランドで考えてみよう

現場レポート③
英国アンルーリー社の
「Unruly ShareRank™」による「共感を呼ぶ動画とは何か」 154

第四章
CMを科学するために
テレビはすでにデジタルデバイスである 175
残存GRPをどう考えるか～期間中の投下配分の最適化～
ティーンエイジャーにブランド訴求しておくこと

現場レポート④
テレビCMとオンライン動画、データ活用の今 188

第五章
「CMを科学する」の向こう側
スマホや搭載カメラを通じて「人のこころ」のデータが流通しはじめた 207
現在、手が届く生体データとは／マーケティング業界におけるニューロサイエンスへの投資
投資対象の技術はグローバル普及できるものか
フェイシャルコーディングの老舗、リアルアイズ

Webcamを使って、表情からコードを読み取る／アフェクティーバのビジネスとしての将来性
人間の意思決定のバイアスに食い込む／「ファスト&スロー」とは

現場レポート⑤
デモグラフィック×〝モード〟で考える
スマホ時代のメディアプランニング 230

第六章
最新米国レポート（取材：榮枝洋文） 239
テレビ通貨「レーティング」に新しい軸
GRPの平面横軸データと、視聴質の縦軸データで立方体をつくる
視聴データの主導権争いが始まる
強い米ニールセンのテレビ視聴率牙城 広告主は自己防衛の視聴動向データへの投資へ
「視聴率」を捨て、エンゲージメントでバズ・フィードと競うテレビ局
ネットフリックス対アマゾンのImplicit Data（潜在データ）争い
1000種類のビデオを制作放映したレクサスのフェイスブック利用法

おわりに 276

はじめに

広告メディアの中でも最も到達力のあるテレビCMが転機にある。若年層のテレビ離れは本当に進展しつつあり、もうタカを括っていられなくなった。「丸一日まったくテレビを観ない日があるか？」という質問にYESと答えたのが一番多かったのはなんと20代の女性で、46・3％にも上る。若年層の視聴時間が平均的に減っているというより、観る人は観るが、観ない人は観ないという状態に、二極化し始めたと考えたほうがいいかもしれない。

筆者の分析でも、ティーンもしくは20代の男女どちらかをターゲットとするブランドが関東地区で600GRP〜650GRP（※1）程度のスポットCMを打ったとして、そもそものターゲット人口比は10％、CMリーチ比で7％である。CMの表示回数になると5%なので、ターゲットには20回に1回しかCMは当たらない。この比率はGRPをもっと増やしてもほとんど変わらない。一方、視聴時間の長い高齢層は一人で20回も30回も視聴することになる。

ターゲット層の年代によっては、すでにテレビは万能の広告メディアではない。しかしながら、テレビを代替するメディアの到達力がまだまだなのも事実である。

テレビCMの到達力が落ちることで一番困るのは広告主だ。こんなに効率的に広告メッセージを到達させられるメディアはなかったのに、これが怪しくなってきた。だからこそ、テレビCMをもっと「科学」する必要が出てきた。「クリエイティブ」も「出稿の仕方」も両方である。

従来は、経験的にテレビCMは効くものであり、そんなに詳細なデータもないので、どうやって最適化するかもわからないというのが実態だったのだと思う。そもそも最適化しようという発想すらなかったと言っていいだろう。

以前は、広告主協会（現・日本アドバタイザーズ協会）から、「視聴率」だけでなく、「視聴質」を調べたいという要請が業界に発信されたこともあった。とはいえ、その測定手法はなかなか開発されなかった。

筆者が考える視聴質とは、「誰が観ているか」（オーディエンス）と「どの程度専念して観ているか」（ビューアビリティとアテンション）、「誰と誰で観ているか」（コ・ビューイング）、「どんな反応をしているか」（表情分析）などで構成される。

そもそもテレビが点いているという状態をもって、視聴されているとするのが視聴率である。しかし、読者も体験的にテレビが点いていてもテレビの前にいなかったり、テレビの前にいてもスマホをいじったりして、番組は「うわの空」ということも思い当たるだろう。このようなことは番組内容やCMクリエイティブ、曜日時間帯、オーディエンス、視聴人数などによっても変化する。また、CMクリエイティブに関しても、事前評価は強制的に視聴してもらう調査手法であり、実際の視聴環境との差が出てしまう。

またCMクリエイティブに対する反応の差は、人種や年齢より男女差が最も大きく出る。

本書では、通常のテレビCM視聴環境において赤外線センサーやデプスセンサーで視聴者を認識し、その画面注視度合や表情までを測定できる「ティービジョンインサイツ社」の「視聴質測定」や「ニールセン社」の被験者の脳波とアイトラッキングを組み合わせた「CM反応分析」など最先端のテクノロジーで、「ここまでわかるのか！」というテレビ視聴の実態に迫り、これを「科学すること」とは何かを解説したいと思う。

従来はとてもここまで「視聴質」を定義する材料はなかった

テレビ業界からすれば、ほかの広告メディア（新聞、雑誌、ラジオ、交通広告）に比べれば、視聴率というデータがあるだけでも到達を数値化できていたと言える。しかし、ここにネット広告が現れた。広告が何回表示され、ユニークなユーザー何人に到達したかがつぶさに全数で把握できるようになった。

比較の問題で、テレビCMはネットに比べるとデータが少ないと思われるようになる。地上波だけでなくBS・CSとチャンネルが増えても、なかなか視聴率測定は行われなかったし、視聴者がリアルタイム視聴だけでなく録画再生して視聴することも増えているのに、録画率、録画再生率を測定することにはならずにきた。

そうした中、業界スタンダードを担っているビデオリサーチ社以外にもテレビ視聴ログデータを提供する事業者が現れてきた。ニールセンが日本でのテレビ視聴データ供給サービスから撤退して久しいが、最近提供を始めたデータサービスはいずれもビデオリサーチ社とは、どうやらアプローチが違うものになっている。

また、ＣＭのクリエイティブ力を数値化しようとする試みも現実化しつつある。従来のＣＭ好感度調査はあるものの、出稿量の違うＣＭを同じ土俵で比較するものなので、純粋にクリエイティブの力を数値化、ノーム値化（※２）するものにはなっていない。好感度という評価が広告クリエイティブの力の指標にそのままなるのかは議論が必要だろう。

昨今、広告を含めたマーケティング投資に関して費用対効果を明確にする試みが進んでいる。ＲＯＩ、ＲＯＡＳ（※３）と呼ばれるこうした評価指標で、広告投資を最適化するアロケーションモデルをつくろうという動きが活性化してきた。この際、最も課題になるのは、説明変数として投下量などはすぐに入力できるが、クリエイティブの変数を数値化して入力できないということだ。ある意味、最も大きな変数であるクリエイティブを数値化できないと本当のＲＯＩ分析もベストなアロケーションモデルもできない。

その意味でもクリエイティブを数値化して評価することが必要となっている

同時に、クリエイティブがターゲットの心を打つのはどんな因子によるものなのかを分析する新しい手法も上陸してきた。ネットでシェアされやすい動画とはどういうものなのかを分析し、シェアされやすくかつブランドメッセージが伝わるクリエイティブをつくるというトライアルも始まっている。

これだけの材料が出てきたということは、「ＣＭを科学する」時代になったということだろう。

科学とは、再現してみせてはじめて「科学したこと」の成果が立証できる。ビッグデータの時代、「広告マーケティングもデータドリブンに」と志向されつつある中で、まさに「左脳でインプットして、右脳でアウトプットする」のがＣＭクリエイティブということになるだろう。

データだけではクリエイティブはつくれない。良いクリエイティブは、良いアイデアと良いジャンプがなければつくれない。しかし、データ分析によって精緻な「クリエイティブ・ブリーフ」（※4）がつくられ、そのうえで良いアイデアを発揮してジャンプすることが求められるだろう。従来、経験と勘によるホームラン狙いは、ホームランが打てても、三振しても、その要因は本当の意味で突き詰められることはなかった。つまり科学されることはなかった。

クリエイティブする範囲は、単にテレビCMという広告フォーマットに限られなくなった。そうなると職人・伝統芸だけでは通用しなくなるということでもある。

CMを科学する必然性は高くなっている。

横山　隆治

※1
GRP…Gross Rating Pointの略、延べ視聴率ともいう。到達率（リーチ）×平均接触回数（フリークエンシー）で計算される。視聴率1%の番組に、CMを1回流すと1GRPとなる。

※2
ノーム値…過去の調査結果分析から算出した基準となる数値。

※3
ROI…Return on Investmentの略。（売上-原価-広告コスト）÷広告コストで計算する。投資対効果を表す指標。

ROAS…Return On Advertising Spendの略。売上÷広告コスト×100%で計算する。広告費の投資回収率を表す指標。

※4
クリエイティブ・ブリーフ…広告制作においてその目的とスタッフの意思統一を図るためのシート。広告の目的や競合の情報、ターゲット、広告が伝えるべきこと、トーンやマナーなどの広告戦略をまとめている。

第1章

新たなテレビ視聴データで実態を把握する

―視聴率から視聴質へ―

テレビの視聴実態を正確に捉える

最近、特に若年層の「テレビ離れ」が話題になっている。実際筆者の周辺でも10代20代の若い人たちや、その世代の人たちの親に聞くと、ほとんどテレビを観ない生活をしているという場合が実に多い。実態はどうなのだろうか。

全体のトレンドはＮＨＫ放送文化研究所が２０１５年に発表した「日本人とテレビ２０１５」調査で掴める。(図１－①)(図１－②)

５年毎に行われるこの調査では、１９８５年から２０１０年まで、テレビの視聴時間は長時間化傾向であったが、２０１５年の調査で初めて「短時間化」した。ここでは「短時間」視聴を「ほとんど、まったく観ない」と30分～2時間の視聴時間と定義しているが、この短時間視聴層は、２０１０年に38％だったものが、44％に拡大している。しかしこの数字より実感としてはもっと視聴時間の短時間化は進んでいるように思える。

2010年→2015年の変化 1985年以降初めて視聴時間が“短時間化”

（図1-①）

・1985年～2010年までは“長時間化”傾向だった。

・この5年で「ほとんど、まったく観ない」人と「短時間」（30分～2時間）視聴の人が増加。

・「長時間」（4時間以上）視聴の人は減少。

ふだん1日にテレビを見る時間

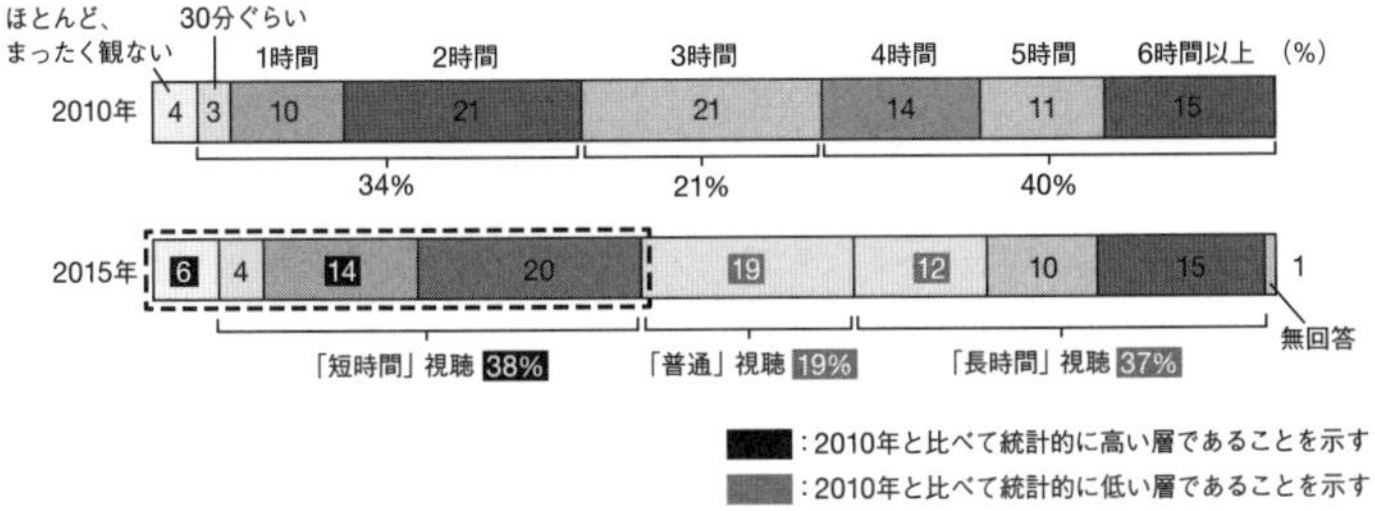

出典：NHK放送文化研究所・世論調査部「日本人とテレビ2015」調査結果の概要について

2010年→2015年の変化 20～50代「ほとんどまったく観ない」人が増加

（図1-②）

・40代以下は「短時間視聴」（30分～2時間）が半数。

・70歳以上で「長時間視聴」（4時間以上）が多数派に。

ふだん1日にテレビを観る時間（年齢層別）

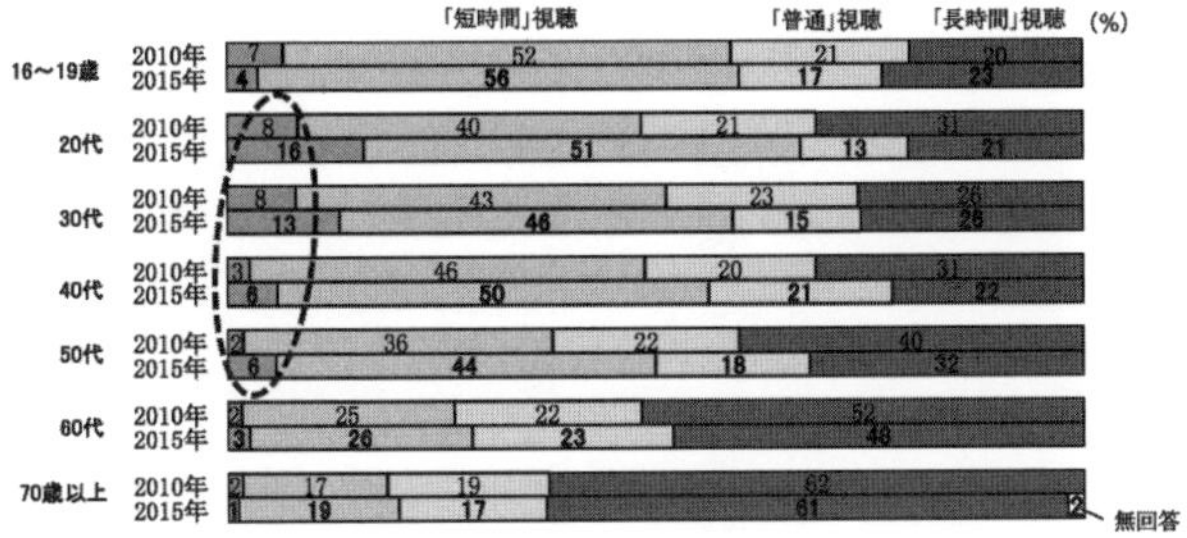

出典：NHK放送文化研究所・世論調査部「日本人とテレビ2015」調査結果の概要について

おそらく、都市部と地方ではかなり差があるように思えるのと、若年層では観る人と観ない人に二極化していて、「ほとんど観ない、まったく観ない」という人がじりじり増えているものと思われる。それは、「平均視聴時間」と「行為者平均時間」（少しでも観た人の平均時間）の差に現れている。高齢層ではその差はほとんどないが、若年層では差が大きい。つまりまったく観ない人が増えていることを示している。

また都市部の視聴時間に関しては正確なデータがあるわけではないが、都市部のほうがテレビ視聴をメインとする時間帯に、家へ帰っていない状況が多いことは容易に想像がつく。さらに、アンケート調査では、もっと劇的なデータが垣間見られる。

（図1－③）はアンケートモニタ「Ｑｚｏｏ」の調査データで、全国20代～60代男女１４００名を対象にしたものだが、ここでは「テレビをまったく観ない日があるか？」という問いに36・６％もの人が「ある」と答えている。

しかも「ある」の回答が最も多いのは20代女性の46・３％であった。（図１－④）テレビ局が従来、ある意味ターゲットにしていた20代女性が最も「テレビをまったく観ない日がある」と答えているのは衝撃的だ。

2015年 テレビ「0」の拡大(ネットパネル) (図1-③)

・3人に1人はテレビを観ない日がある

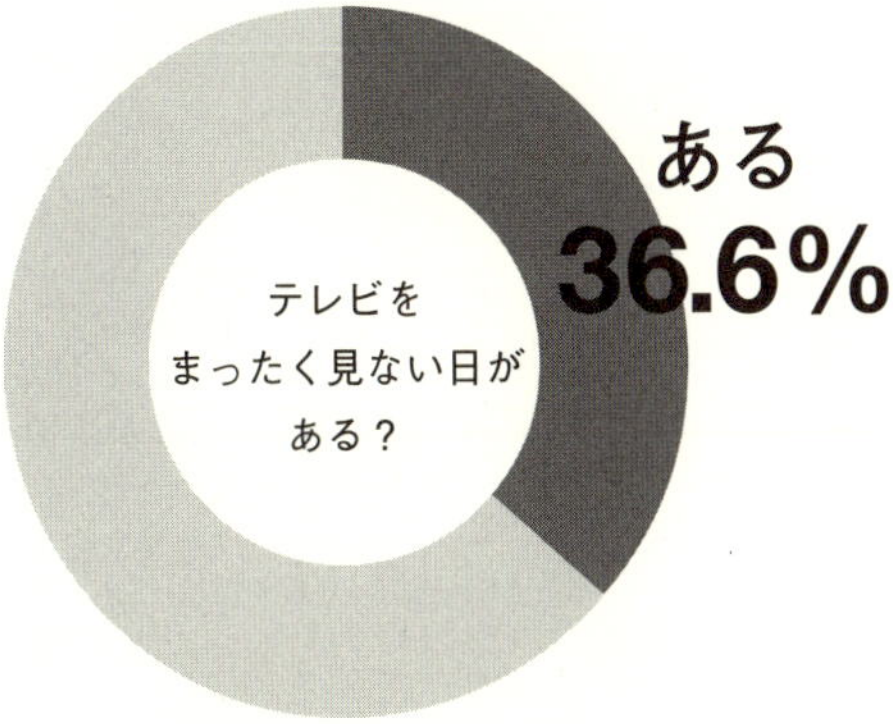

(全国20〜60代男女1400名に調査)

アンケートモニタ「Qzoo」調査(2015年9月)

2015年 テレビ「0」の拡大(ネットパネル) (図1-④)

・テレビ「0」の人が最も多いのは20代女性

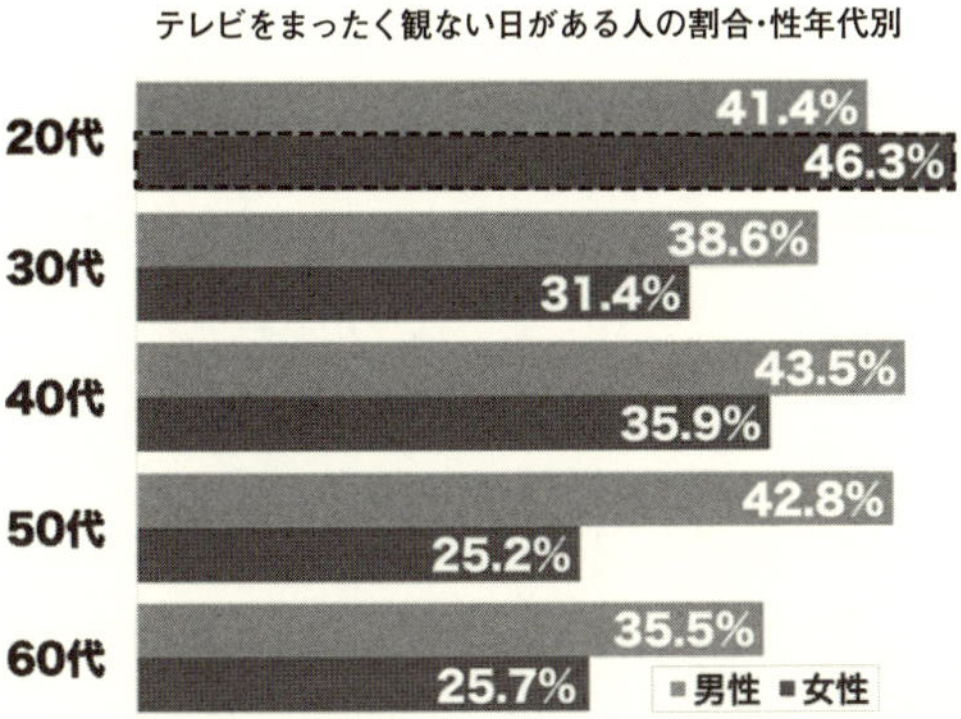

(全国20〜60代男女1400名に調査)

アンケートモニタ「Qzoo」調査(2015年9月)

またカドカワのアンケートモニタ「eb-i Xpress」調査では、「地上波テレビ番組を一番よく視聴する方法」の問いに対して、なんと39・5％もの人が「録画再生視聴」だと答えている。（図1－⑤）

リアルタイム視聴か録画再生視聴かが測定できる視聴ログデータを見ると、さすがにそこまで録画再生視聴は多くはない。しかしアンケートを取るとこんな数字になるのは、「機械的にテレビが点いているだけの時間」を母数にするのと、「視聴者が視聴していると意識している時間」を母数にしているのでは、かなり違うということではないかと筆者は考える。その分だけ、テレビが点いている時間のうち、視聴者が「視聴している」と意識している時間はかなり少ないと思われる。ただし、このテレビが点いているという状態こそ、テレビがあらゆるメディアの中で最も〝プッシュ力〟を維持している最大の理由でもある。その本質は後述することにする。

さて、テレビの視聴時間減少の原因は、スマホでの様々なコンテンツ閲覧、視聴であることは間違いない。テレビが点いていてテレビの前にいるにもかかわらず、スマホをいじっていて、テレビ画面には「うわの空」という状況も想像がつく。また回線の高帯域化

2015　テレビ「0」の拡大（ネットパネル）　（図1-⑤）

・地上波の視聴スタイルは4割が録画

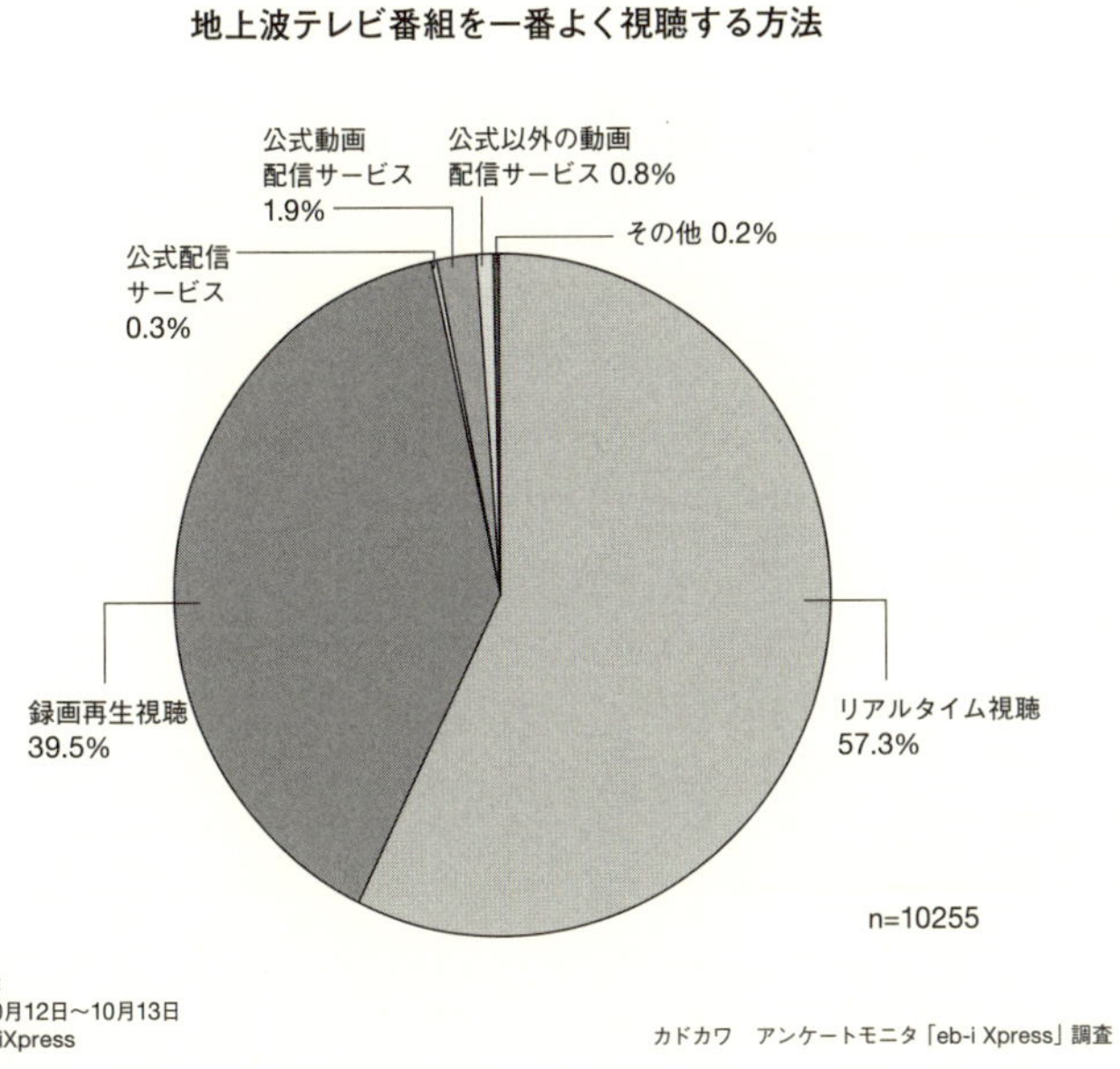

に伴い、スマホでの「映画やドラマ」のコンテンツ利用状況も拡大している。YouTubeで短尺の動画コンテンツを観るばかりではなくなっている。

（図1－⑥）はニールセンによる「スマートフォン・メディア利用実態調査」からのデータだが、実に36％もの人がスマホを使って「映画やドラマ」コンテンツを視聴している。比較的長尺な動画コンテンツ（しかも映画やドラマ）はテレビメディアの独擅場であったが、ここでも常時ユーザーが携帯するスマホ（究極のパーソナルメディア端末であるスマホの利用は自宅の中でもテレビを凌駕しつつある）に視聴時間のシフトが起きている。

最近は、個室にテレビを置かない人が増えていると聞く。子供が個室を持つにしてもスマホやタブレットがテレビの機能を含むデバイスになっているものと考えられる。よく「うちの子はテレビなどほとんど観ないでｉＰａｄでゲームの攻略法ばかり見ている」という親御さんの話を聞く。若年層にとっては、生まれてからすでにインタラクティブな操作環境のあるデジタルデバイスがあり、テレビでしか享受できないコンテンツが少なくなってくると、動画コンテンツを含むコンテンツ消費もスマホに軍配が上がるのだろう。

スマホからの「映画やドラマ」コンテンツ利用状況 （図1-⑥）

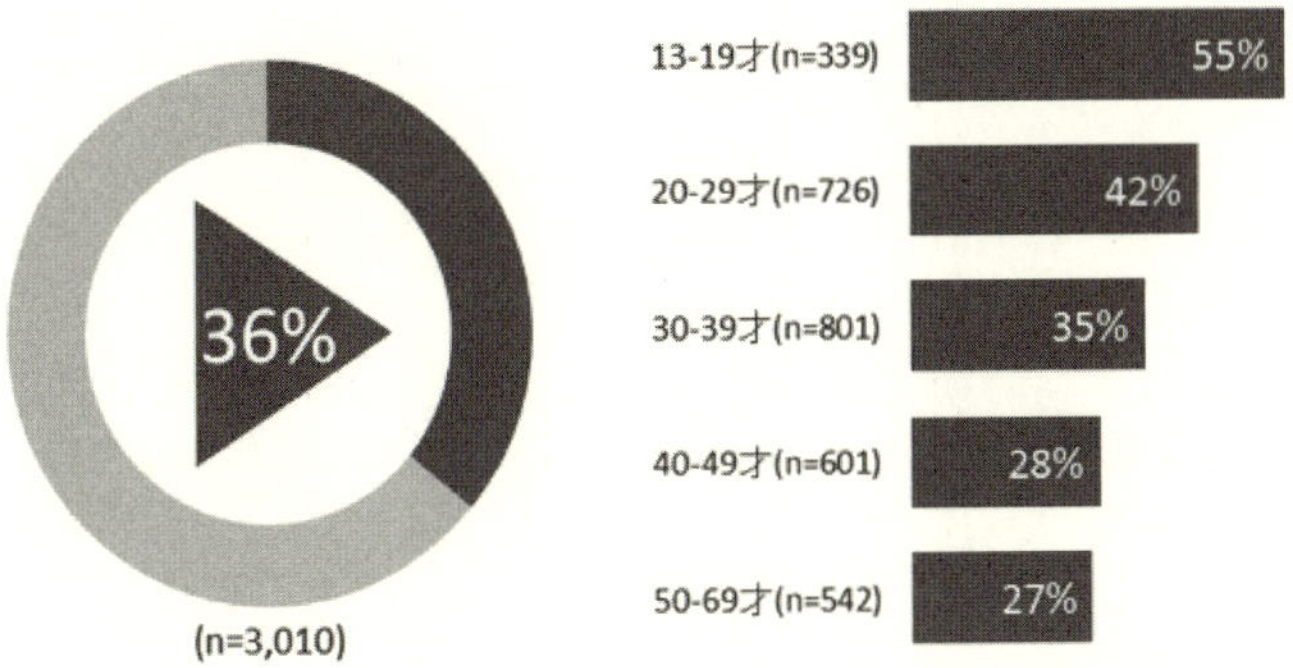

ニールセン「スマートフォン・メディア利用実態調査」2015.6.30

今後利用したい「映画やドラマ」のデジタルコンテンツのサービスプラン （図1-⑦）

利用したい動画コンテンツのサービスプラン(n=3,010)　　広告表示で無料利用したい人の割合(年代別)

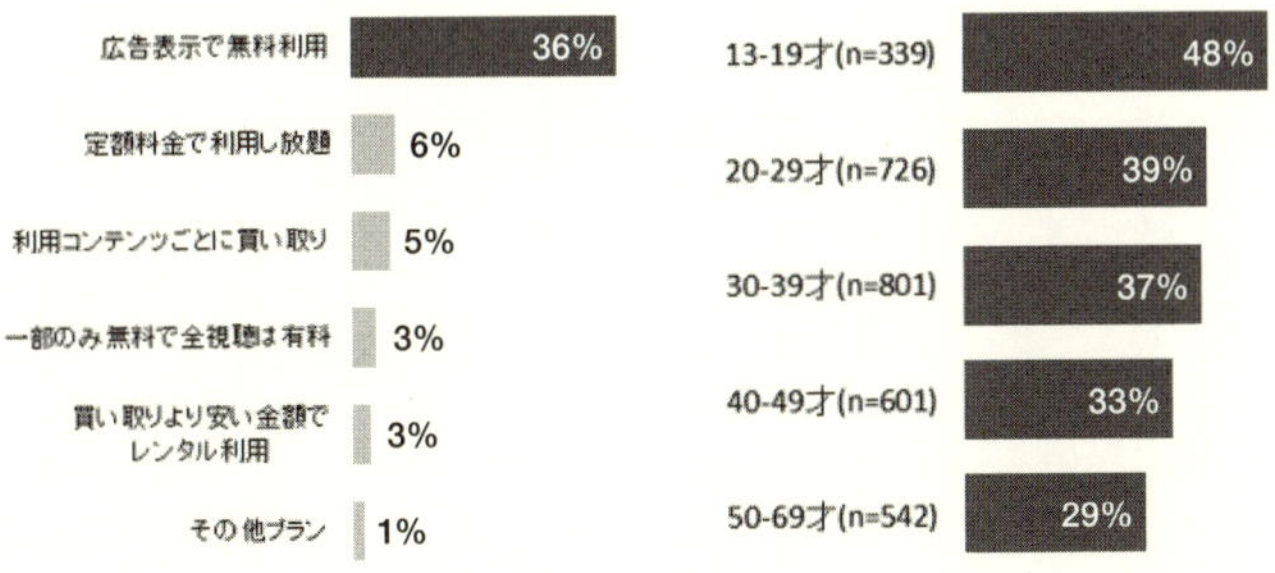

ニールセン「スマートフォン・メディア利用実態調査」2015.6.30

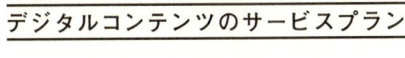

また、「今後利用したい『映画やドラマ』のデジタルコンテンツのサービスプラン」というアンケートでは「広告表示で無料利用」が圧倒的に多く、今後スマホやタブレット向けの動画コンテンツに動画広告を配信する市場が大きく伸長するだろう。（図1－⑦）

「取引通貨」としてのビデオリサーチのテレビ視聴率

従来、テレビ視聴を測定してきたのはビデオリサーチ社のテレビ視聴率調査である。その歴史は長いが、1996年にPM（ピープルメータ）による機械式の個人視聴率測定が始まった。それまではオンラインメータシステムではあったが、これは世帯視聴率だけを測定するものであり、個人視聴率は手書きで記録する日記式による調査であった。日記式のアンケートでは誤認が多く、実際には放送されていないものを観たとすることも多かった。日記式から機械式に個人視聴率の測定方法が変わった時、そのデータを見ると個人視聴率が7～8割程度に減ったという感覚を持った。

ビデオリサーチ社のピープルメータは世帯視聴率と個人視聴率を同時に調査している。まず、調査対象世帯内での視聴状況をテレビに接続されたピープルメータで測定している。家庭内最大8台までテレビの視聴状況を測定できるようになっており、チャンネルセンサーで視聴しているチャンネルを測定するとともに、ピープルメータには世帯内の個人各々のボタンがあり、視聴の開始と終了時に自分のボタンを押すことで個人視聴を測定している。ピープルメータで測定した視聴データは、オンラインメータに転送され、記録される。これがデータ通信専用回線を通じて、毎日早朝に自動ダイヤルによりデータセンターに送信されている。世帯視聴率・個人視聴率とも計測の最小単位は1分で、この毎分視聴率をもとに世帯単位や年齢区分ごとの番組視聴率や時間区分視聴率を集計している。

ビデオリサーチ社の視聴率測定は、最近の新しいテレビ視聴ログデータ測定サービスが、毎秒測定でインターネット回線を使ったほぼリアルタイム集計であるのに比べ、幾分、時代を感じる。しかし、このテレビ視聴率データは今でもテレビCMの「取引通貨」であり、このデータがスタンダードであることは今後も変わることはないだろう。

ビデオリサーチ社の視聴率調査エリアは、まずピープルメータシステムによる関東・関西・名古屋地区の各600世帯。オンラインメータシステム（世帯視聴率のみ）で個人視聴率調査エリアでは、1年に52週個人視聴率を日記式で調べる「52週調査地区」が8地区各200世帯、24週個人視聴率を日記式で調べる「24週調査地区」が16地区、これも各200世帯で調査が行われている。

後述するが、ローカル地区のテレビ視聴率はすべてを網羅して測定できているわけではない。ローカルほどテレビ視聴されている傾向が強いので、本当のテレビの到達力を調べるためにはローカルでの視聴をしっかり把握する測定方法が求められる。

新しく登場したテレビ視聴ログ測定サービス

ビデオリサーチ社のテレビ視聴率調査は長くこの市場を独占している。1990年代にニールセンが日本でもテレビ視聴率調査を行い機械式で個人視聴率データを供給していた時期もあったが、撤退してしまった。この時代、筆者もニールセンの個人視聴率データを広告代理店の立場で購入し、クライアントのために活用していた。毎月ニールセンの営業がCD－ROMを持ってくる、という今考えると微笑ましい環境だった。

ニールセンの撤退以来、ずっとビデオリサーチ社の独占が続いてきたが、ビデオリサーチ社以外にも新たなテレビ視聴データを供給する事業者がいくつも現れてきた。それらはいずれも、測定方法は様々だが、データは皆、毎秒データで、インターネット回線を通じてほぼリアルタイムでデータを取得する方式を採用している。そもそもビデオリサーチ社の毎分データは、15秒のCMの視聴率を特定して計測できているわけではない。15秒のCM4本分の平均となるわけだ。

では、新しく登場したテレビ視聴データの供給サービスを見てみよう。

- 東芝ライフスタイルのテレビ視聴データ
- スイッチ・メディア・ラボ社のSMART
- インテージ社のテレビ視聴ログデータ
- Mデータ社のテレビメタデータ

・ティービジョンインサイツ社のテレビ視聴質測定データ

の五つが代表的なものである。

東芝ライフスタイルのテレビ視聴データは、東芝のテレビ「レグザ」のレグザクラウドサービス「Time One」に登録する際に視聴ログを取得する許諾を得た21万台を超えるログ提供許諾機器から1日約1700万レコードのデータを収集している。21万台分の秒間データという膨大なデータだ。これによると「Time One」対応テレビ利用者の平均視聴時間はリアルタイム視聴で4時間強、録画再生時間が1時間弱といったところだ。

視聴ログでは20%に満たない録画再生は、前述のカドカワの調査で「地上波テレビ番組を一番よく視聴する方法は?」と聞いた回答のうち39・5%もが録画視聴だとするデータと乖離がある。視聴者がテレビを観ていると意識している視聴時間は視聴ログデータのそれよりももっと少ないのではないかという仮説が成り立つ。

同じ視聴率でも「視聴構造」や「視聴者定着率」が違うという実態

さて、東芝レグザデータでは、「視聴率」といういい方はせずに、「視聴割合」と称しているが、実態としてはほぼ同じである。これは、「視聴秒数の総和」を「アクティブ機器数×番組放送秒数」で割って100を掛けることで得られる。（ただビデオリサーチでは一世帯に3台テレビがあって、そのうち1台でも視聴していると「世帯視聴率」は100％だが、レグザデータでは3台のうちの1台なので33・3％となる）（図1－⑧）

ここで、あらためて視聴率というものがどういう数値なのかわかるのだが、実は「10人が3600秒視聴している」のと「100人が360秒視聴している」のは同じ視聴率なのである。筆者はこれを「視聴構造の違い」と称しているが、同じ視聴率10％でも、その視聴構造つまり視聴テレビ台数と視聴時間によってかなり違いが出てくる。

（図1－⑨）を見て欲しい。上の図はドラマ番組のデータだ。5000秒近い放送時間

視聴時間割合の定義

（図1-⑧）

$$（番組の）視聴時間割合 = \frac{視聴秒数の総和\ [sec]}{アクティブ機器数 \times 番組放送秒数\ [sec]} \times 100\ [\%]$$

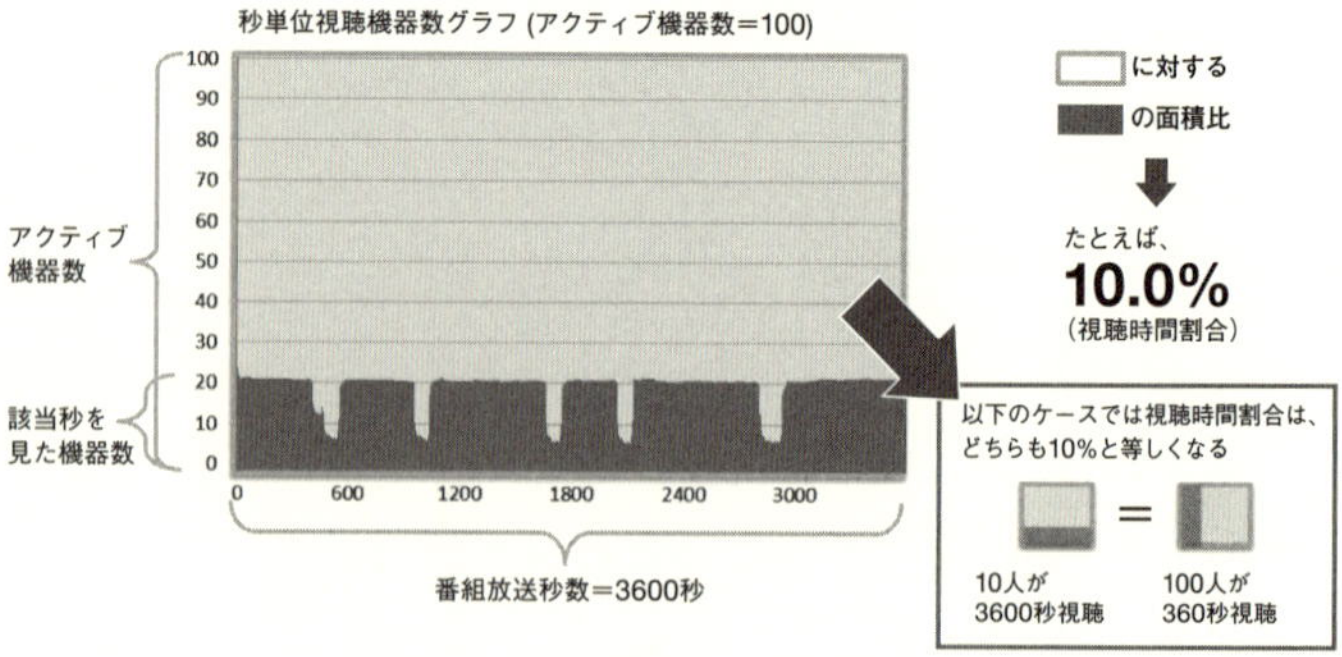

放送開始からの視聴・再生秒数ユーザー数比較

（図1-⑨）

放送開始からの視聴・再生秒数ユーザー数比較（ドラマ）

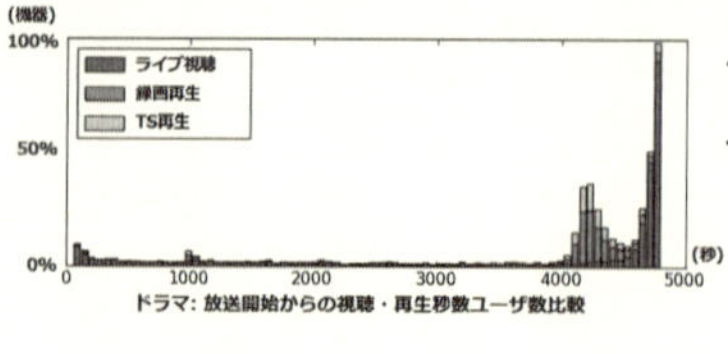

・視聴位置にかかわらず、合計何秒視聴したかの比較
・ドラマについては、視聴方法にかかわらず、番組の尺数ぶんを丸ごと見た人が多い

放送開始からの視聴・再生秒数ユーザー数比較（音楽番組）

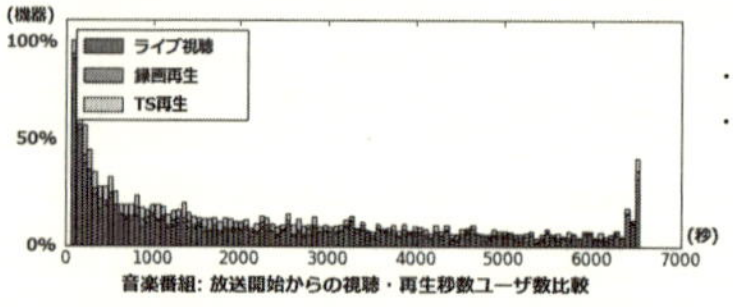

・300秒（5分）以下が圧倒的に多い
・特定のミュージシャンのみ見たらすぐ終了

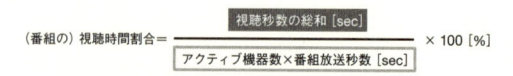

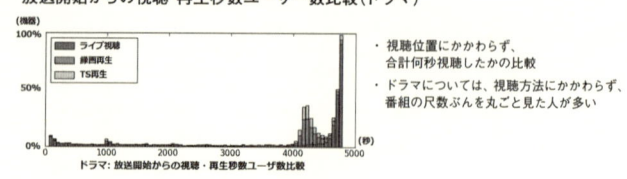

の中で最も多い視聴時間は4800秒くらいである。まあドラマだからほぼ最初から最後まで観た人が多いのは当然だろう。しかし、下の音楽番組を見ると、6000秒を超える放送時間で、一番多い視聴時間は480秒である。つまり、好きなミュージシャンを見たら、すぐチャンネルを変えてしまうので、違う視聴者が入れ代わり立ち代わり短い視聴時間で流入と流出を繰り返す視聴構造となっているのだ。

同じ10%でもこれだけ視聴構造が違うのである。どうだろうか、こういうことを意識していただろうか。ほかにもまた、同一番組を見続ける視聴者の定着率という見方もある。

習慣性の高いベルト番組は別にして、週一度の箱番組の場合、1クール13週の内8週以上を観ているテレビ世帯をロイヤル視聴世帯と定義する。この場合、ほとんどの番組では、この「ロイヤル視聴世帯」の割合は「少しでも観た」世帯全体の10%以下になる。一番「ロイヤル視聴世帯」の割合が高かったのがNHKの「ブラタモリ」だったのに納得感がある方もいるかと思う。

ドラマの全11話をどの程度視聴しているかで「定着率」を測ることもできる。たとえば、

10％程度の視聴率で、ごく普通のドラマの視聴パターン分析をすると、1位は比較的多くの週を観ているがそれ以下の上位8位くらいまでは、全11話のうち、どこか1話だけしか視聴していない、というパターンになる。

しかし、高視聴率を獲得した「半沢直樹」の場合、1位は全週視聴した、2位は1話目だけ観ていないが2話から最終話まで観た、3位は最終話だけ観た、4位以降も複数回の視聴をしているというパターンになる。高視聴率の番組は視聴者の定着率が高い、ということが言えるのと同時に、普通の視聴率の番組は視聴者の定着率が極めて低い実態にあるということだろう。

スイッチ・メディア・ラボ社のSMARTデータ

スイッチ・メディア・ラボ社が提供するテレビ視聴ログデータサービス「SMART」は関東地区で5000サンプルを超えるテレビ視聴パネル（※5）を持っている。ビデオリサーチが6000世帯で約1600人しかパネル数がないのに比べ、3倍強のパネル数になる。しかもすべて秒単位のデータなので正確に特定のCMの視聴率を測定してい

データで明確になるテレビCMの到達実態

（図1-⑩）

データで明確になるテレビCMの到達実態
スイッチ・メディア・ラボ社 テレビ視聴分析クラウドシステム
『SMART』

CMARC

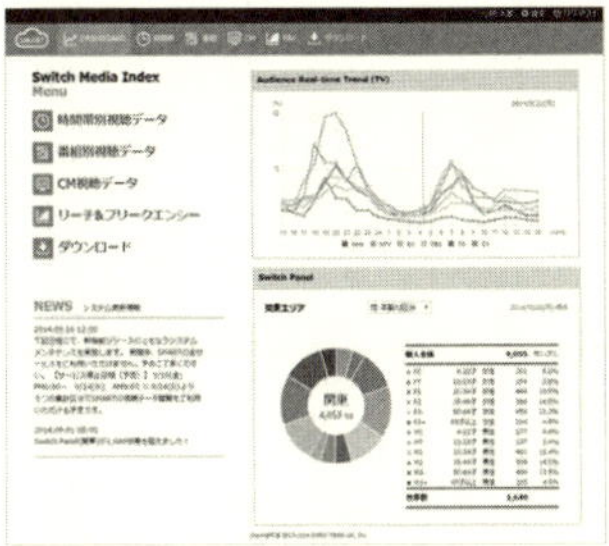

SMART ダッシュボード

**関東エリアでは
日本最大規模のTV視聴パネル**

関東1都6県　2,000世帯　個人5,000人規模の視聴データを構築

**秒単位の視聴データを、
手軽にリアルタイム分析**

これまで、テレビ視聴データは放送翌日にしか入手出来ませんでした。また、分単位の収集のため、15秒、30秒などのCMは正確な視聴状況はわかりませんでした。SMARTなら、秒単位で収集されたデータをいつでも、どこでも、インターネット上でほぼリアルタイムに分析出来ます。

豊富な個人プロフィール情報

性別や年齢、職業といった基本属性情報はもちろん、スイッチ・メディア・ラボでは、未既婚、世帯年収、子供の有無や学齢、住居形態、所有物（車、家電製品、クレジットカードなど）、ライフスタイル・生活価値観など定期アンケートで聴取した100項目以上の様々な個人調査モニタの属性情報(拡張属性）でテレビ視聴データの分析が可能です。
　※拡張属性の視聴データ分析アウトプットは、現在、SMARTとは別のBIツールでご提供しています。

SWITCH MEDIA LAB

テレビ視聴ログデータサービス『SMART』主な機能

（図1-⑪）

SMART

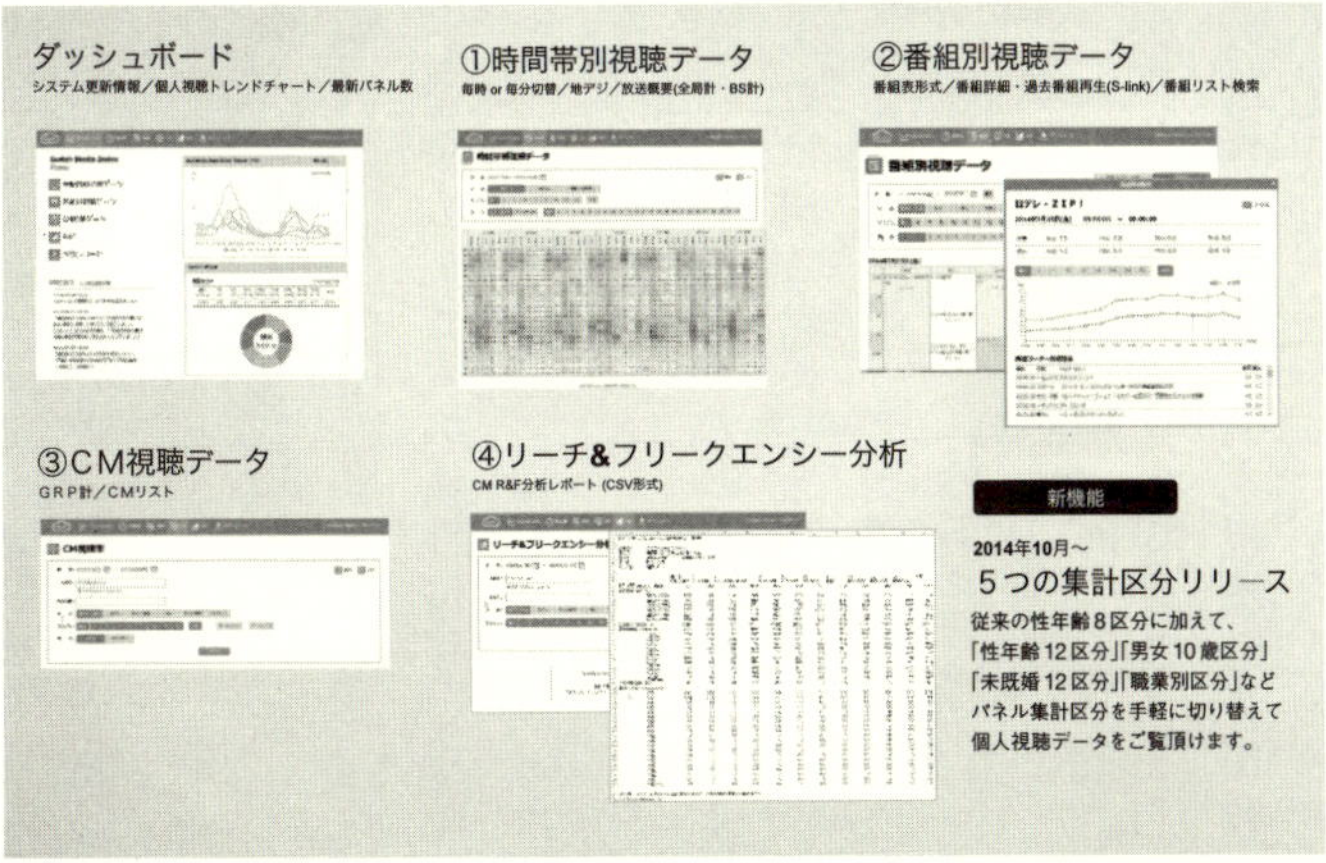

参考：スイッチ・メディア・ラボ社

ることになる。またインターネット回線にデータを送信し、ほぼリアルタイムで集計しているので、データを把握しての即時対応が可能である。（図1－⑩）（図1－⑪）（図1－⑫）

また、5000サンプルは性別や年齢、職業属性情報だけでなく、未既婚・世帯収入・子供の有無や学齢・住居形態・所有物（クルマ・家電製品・クレジットカードなど）、ライフスタイル・生活価値観など定期アンケートで聴取した個人視聴者の属性情報を視聴データと紐付けることができる。

たとえば、コーヒーのヘビーユーザーの視聴率は、どこの時間帯が高いのかをヒートマップ化することもできる。従来、コーヒーのCMであればM2層（35～49歳男性）の高いところにスポットを引くということはしていたかもしれないが、デモグラフィック（※6）によるターゲティングだけではできないことが実現できる。（図1－⑬）

スイッチ・メディア・ラボ社は特に個人視聴にフォーカスしたデータ供給をしている。たとえばF1層（20～34歳女性）の個人視聴率を調べる場合、F1の個人視聴率が10％と出たとする。この時、ビデオリサーチで視聴した人の数は、17、18人に過ぎない。ス

テレビ視聴分析システム分析サービス『SMART』五つの集計区分

（図1-⑫）

性・年齢8区分

個人 | C | T | F1 | F2 | F3 | M1 | M2 | M3 | 世帯

「個人全体」「世帯」の視聴率に加えて、個人視聴率は 下記区分で集計を行います。

C	4〜12才 男女	F1	20〜34才 女性	M1	20〜34才 男性
T	13〜19才 男女	F2	35〜49才 女性	M2	35〜49才 男性
		F3	50才以上 女性	M3	50才以上 男性

男女10歳区分

個人 | ~F10s | F20s | F30s | F40s | F50s | F60s~ | ~M10s | M20s | M30s | M40s | M50s | M60s~ | 世帯

「個人全体」「世帯」の視聴率に加えて、個人視聴率は下記区分で集計を行います。

〜F10s	4〜19才 女性	〜M10s	4〜19才 男性
F20s	20〜29才 女性	M20s	20〜29才 男性
F30s	30〜39才 女性	M30s	30〜39才 男性
F40s	40〜49才 女性	M40s	40〜49才 男性
F50s	50〜59才 女性	M50s	50〜59才 男性
F60s〜	60才以上 女性	M60s〜	60才以上 男性

性・年齢12区分

個人 | FC | FT | F1 | F2 | F3- | F3+ | MC | MT | M1 | M2 | M3- | M3+ | 世帯

「個人全体」「世帯」の視聴率に加えて、個人視聴率は下記区分で集計を行います。
C、Tを男女別に分け、50〜64才までの男女をM3-、F3-
65才以上の男女をF3+、M3+と集計します。

FC	4〜12才 女性	MC	4〜12才 男性
FT	13〜19才 女性	MT	13〜19才 男性
F1	20〜34才 女性	M1	20〜34才 男性
F2	35〜49才 女性	M2	35〜49才 男性
F3-	50〜64才 女性	M3-	50〜64才 男性
F3+	65才以上 女性	M3+	65才以上 男性

職業別区分

個人 | 経営・自営 | 会社員 | 主婦 | パート・バイト | 未就学 | 小学 | 中・高校 | 大学（院） | 他・無職 | 世帯

「個人全体」「世帯」の視聴率に加えて、個人視聴率は下記区分で集計を行います。

経営・自営	・・・経営者、自営者(自由業含む)	未就学	・・・未就学児
会社員	・・・会社員、公務員	小学生	・・・小学生
主婦	・・・専業主婦	中・高校生	・・・中学生、高校生、高専生
パート・バイト	・・・パート、アルバイト	大学(院)	・・・大学生、大学院生
		他・無職	・・・その他学生、その他職、無職

男女未既婚区分

個人 | C | T | 未婚女性 | 既婚女性 | 未婚男性 | 既婚男性 | 世帯

「個人全体」「世帯」の視聴率に加えて、個人視聴率は下記区分で集計を行います。
※「未婚」には、男女とも「離死別」を含みます。

C	4〜12才 男女	20才以上未婚女性	20才以上未婚男性
T	13〜19才 男女	20才以上既婚女性	20才以上既婚男性

オーダー区分

御社オーダーに応じて、御社用の集計区分をご用意することも可能です。
別途要望をお伺いして、お見積もりの上開発いたします。

参考：スイッチ・メディア・ラボ社

ターゲット層に効率的に広告をリーチさせるための正確かつ詳細な事前情報を保有する

（図1-⑬）

SWITCH MEDIA LAB

「M2層」のテレビ視聴時間帯

		月	火	水	木	金	土	日
朝	5時台	7.9	7.6	6.9	7.8	8.1	5.6	5.3
	6時台	15.7	15.9	15.0	15.8	16.1	8.0	7.3
	7時台	17.9	17.8	17.7	19.0	18.7	12.6	11.7
午前	8時台	11.1	11.1	11.3	11.4	11.7	14.2	15.2
	9時台	7.4	7.0	7.1	7.7	7.4	13.5	16.2
	10時台	6.1	5.5	5.9	6.4	6.0	11.8	15.5
	11時台	5.9	5.3	5.6	6.4	5.8	11.0	13.5
午後	12時台	6.3	6.0	5.9	6.5	6.6	12.8	14.4
	13時台	5.8	5.4	5.3	6.2	6.1	11.5	13.8
	14時台	5.5	5.0	5.0	5.7	5.1	9.5	11.8
	15時台	5.6	4.5	4.8	5.3	5.6	9.2	11.9
	16時台	5.7	4.6	4.9	5.5	5.7	9.1	11.4
	17時台	6.2	5.1	5.3	6.4	5.9	10.9	13.7
	18時台	8.8	7.9	7.7	8.7	8.0	15.0	21.5
プライムタイム	19時台	14.1	12.4	13.7	12.9	13.7	21.6	25.2
	20時台	17.2	16.6	17.9	16.5	16.7	23.8	29.0
	21時台	19.4	20.1	20.6	19.8	18.7	23.7	27.7
	22時台	20.3	20.1	20.7	20.0	19.9	23.3	24.9
プライム2	23時台	17.1	16.9	18.0	17.3	17.4	18.9	18.2
深夜	0時台	12.5	11.4	13.2	12.7	13.7	13.9	11.9
	1時台	7.6	7.2	8.8	8.5	10.0	9.1	8.0
	2時台	5.9	5.2	6.6	6.0	6.9	6.4	5.8
	3時台	4.9	4.5	5.6	5.3	5.5	5.3	5.1
	4時台	5.2	5.1	5.5	5.7	4.6	5.0	5.9

「コーヒーヘビーユーザー」のテレビ視聴時間帯

		月	火	水	木	金	土	日
朝	5時台	11.5	11.2	12.2	12.2	12.7	9.0	9.0
	6時台	19.2	19.2	20.5	20.6	21.3	13.0	12.0
	7時台	24.6	23.8	24.8	28.1	25.7	19.5	19.4
午前	8時台	21.5	19.7	20.1	21.5	22.5	22.0	23.6
	9時台	14.3	12.9	14.6	15.0	15.3	18.5	21.7
	10時台	11.0	10.8	11.5	12.1	12.1	16.2	19.2
	11時台	11.0	10.8	10.6	11.8	11.1	15.3	18.6
午後	12時台	15.6	15.0	14.5	14.7	15.0	19.7	21.8
	13時台	12.9	12.6	13.7	13.7	12.9	17.7	20.0
	14時台	12.2	10.6	11.6	11.3	10.2	15.1	16.3
	15時台	12.7	9.9	10.7	11.3	9.9	14.5	16.8
	16時台	12.4	10.7	11.4	11.5	10.8	13.2	15.7
	17時台	13.7	12.8	13.0	13.5	12.9	16.3	20.0
	18時台	19.6	18.2	18.6	18.9	17.6	23.9	29.3
プライムタイム	19時台	26.2	24.4	24.7	25.4	25.0	28.7	26.0
	20時台	27.3	27.5	28.1	28.5	26.1	31.6	37.3
	21時台	27.3	29.3	29.9	30.2	28.0	31.1	34.9
	22時台	27.7	27.5	27.5	28.1	27.7	30.0	29.9
プライム2	23時台	23.4	22.6	24.2	23.5	23.8	22.9	22.3
深夜	0時台	17.5	16.3	18.3	17.2	17.6	16.2	14.8
	1時台	11.6	12.0	12.3	12.5	12.8	11.4	10.7
	2時台	8.7	9.9	9.5	10.1	8.8	9.5	8.2
	3時台	7.8	8.9	8.4	8.9	8.1	7.9	7.6
	4時台	8.1	9.5	9.0	9.5	8.1	8.1	8.3

データ期間：2015.3.1〜3.31　全局計（NHK総合+NHK教育+キー局）

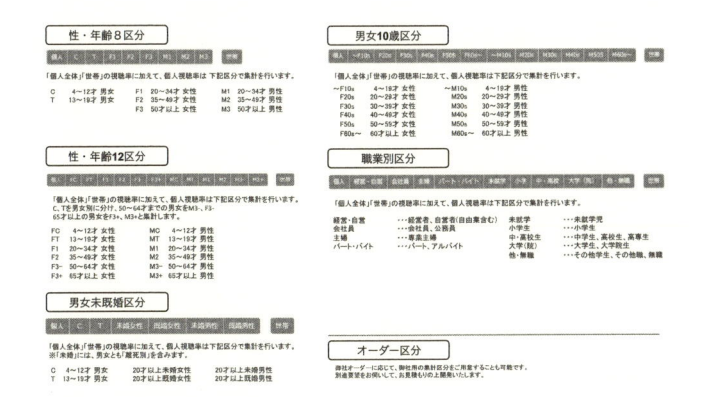

イッチ・メディア・ラボ社では若年層の視聴パネルを厚めに持っており、単にデモグラフィックな属性情報と視聴ログを分析する際にn数が確保できるようになっている。

視聴者クラスターを把握する

番組の「定着率」について前述した。このデータを使うと、この番組のロイヤル視聴者は、ほかのどの番組のロイヤル視聴者かを分析することで「視聴者クラスター」(※7)をつくることができる。

もちろん、曜日ごとに、どんな時間帯で、どのチャンネルを視聴しているのか、というパターンでクラスターを構成することも可能だ。たとえば、朝からずっと、特定のチャンネルを点けている主婦がいる家のテレビは、夕方おそらく子供が学校から帰ってきた時にだけチャンネルが変えられるチャンスがある、ということがログでわかる。

テレビ局の立場からすると、ドラマなどの番組が企画を変更した時に、他局の番組に視聴者が流出したり、逆に他局から流入したりした視聴者のデータを見ることで、クラスターを括るデータを得ることができる。自局の番組にはどんな視聴者クラスターがついていて、裏番組にはどんなクラスターがついているかがわかれば、番組企画の変更時に流出を避け、流入をより獲得できるはずだ。

また、視聴者を個別に観測して、シングルソースデータ（※8）を用い生活者インサイトを探り、その生活者のテレビ視聴パターンを把握することも可能だ。

（図1－⑭）は、26歳と29歳の単身女性のテレビ視聴とその他のメディア接触、興味関心事などを個別に見たものだ。マーケターとしてはターゲットに対してどんな時間帯や番組で到達しやすいか、ほかのどのようなメディアでの相乗効果が得られるかが把握できる。

シングルソースデータで見えてくる生活者インサイト

（図1-⑭）

SWITCH MEDIA LAB

26歳　単身女性　事務系会社員｜年収200〜300万円未満
【好きなファッション】axes femme、アニエスb、ユニクロ
【普段読む雑誌】an an、Hanako、Tokai Walker
【PC利用サイト】YouTube、楽天市場　など
【スマホ利用サイト】Twitter、Facebook、LINE　など
【関心があるもの・情報】株式　貯蓄・金融サービス　など

29歳　単身女性　事務系会社員｜年収300〜400万円未満
【好きなファッション】トゥモローランド、ユニクロ
【普段読む雑誌】なし
【PC利用サイト】2ちゃんねるまとめ、ニコニコ動画、ぐるなびなど
【スマホ利用サイト】NAVITIME
【関心があるもの・情報】旅行、料理・グルメ、アニメ・コミックなど

4/24(金)	7:43 〜	TV Switch ON	7:48 〜	TV Switch ON
	7:43 〜	(CX)　めざましテレビ	7:48 〜	(EX) グッド！モーニング
	7:59 〜	(NHK) 連続テレビ小説・まれ		(NTV) スッキリ！！
		(NHK) あさイチ	〜 8:41	(NTV) ZIP
	8:25 〜 9:40	(NTV) スッキリ！！		
			21:06 〜 22:03	(NTV) 金曜ロードSHOW! 寄生獣特別版
4/25(土)	21:28 〜 22:50	(CX)　金曜プレミアム・塔の上のラプンツェル		
	7:58 〜	TV Switch ON	7:08 〜	TV Switch ON
	7:58 〜	(NHK) 連続テレビ小説・まれ	7:08 〜	(TBS) あさチャン！サタデー
	8:15 〜	(TBS) 王様のブランチ	7:28 〜	(CX)　めざましどようび
		(TBS) サタデープラス	8:34 〜 9:29	(CX)　にじいろジーン
	〜 9:53	(TBS) 暮らしのレシピ		
			16:06 〜	(TBS) JIN－仁－完結編
				(TBS)　バース・デイ
			17:06 〜	(EX)　ＡＮＮスーパーＪチャンネル
				(EX)　人生の楽園
				(EX)　ごはんジャパン
	18:56 〜	(NTV) 天才！志村どうぶつ園		(EX)　コンプリートジャーニー
		(NTV) 世界一受けたい授業		(EX)　スゴ〜イデスネ！！視察団ＳＰ
		(NTV) ドＳ刑事	19:14 〜	(NTV) 天才！志村どうぶつ園
		(NTV) 嵐にしやがれ		(NTV) 世界一受けたい授業
		(NTV) マツコとマツコ	20:54 〜	(CX)　土曜プレミアム・ナルニア国物語第３章
	〜 23:53	(NTV) 有吉反省会	22:38 〜 23:19	(TBS) 新・情報７ｄａｙｓニュースキャスター

テレビのビューアビリティとアテンション

テレビの視聴率は、テレビ端末のスイッチがONであり、どのチャンネルの映像が流れているか、で測定されている。しかし、もしここに「ビューアビリティ」という概念が持ち込まれると、どうなるだろうか。誰しもが経験的に「テレビは点いているが、観ていない」時間があることはわかっている。ただ、この状況を調べる手段もないので、「テレビが点いている＝視聴されている」と評価してきた。これは無理もないことだ。

一方で、パソコンから始まったネット広告では、「ビューアビリティ」という概念がずいぶん前から定義されている。ネット広告の「ビューアビリティ」とは、「ユーザーはパソコンの前で画面を見ている」という状況を前提に、画面に広告が表示されているかどうかをもって「ビューアビリティ」としている。とすると、テレビにおける「ビューアビリティ」とは、「テレビは点いている状態だが、視聴者はテレビを視聴できる状態かどうか」ということになる。テレビの前にいたとしてもスマホをいじりながらまったくテレビ画面を見ずに、番組には「うわの空」ということも考慮しなければならない。

これをどう測定するかだが、ボストンを拠点とするティービジョンインサイツ社が東京で2015年から実証実験調査を始めたテレビ視聴質測定調査がある。

(図1―⑮)を見てほしい。これは、外部の赤外線センサーやデプスセンサーをテレビ機器に設置し、家族の構成員の誰がテレビの前にいるか(ビューアビリティ=滞在度合い)、テレビ画面を専念視聴しているか(アテンション=注視度合い)を測定している。事前に家族の写真を登録し、視聴者を認識しているが、ネット回線でサーバーに送られるデータは映像ではなく、すべて0と1のデジタルデータなのでプライバシーは確保されている。

この視聴質調査手法では、ほかに誰と誰が見ているか(コ・ビューイング)、どんな表情で観ているか(スマイル・サプライズ・ネガティブ・ニュートラルの四つの表情を認識)が測定できるが、基本的には「テレビが点いている」を母数に「テレビの前にいる」をビューアビリティ・インデックス(VI値)、「テレビの前にいる」を母数に「テレビ画

テレビCMを科学する 現状の視聴把握の問題点

(図1-⑮)

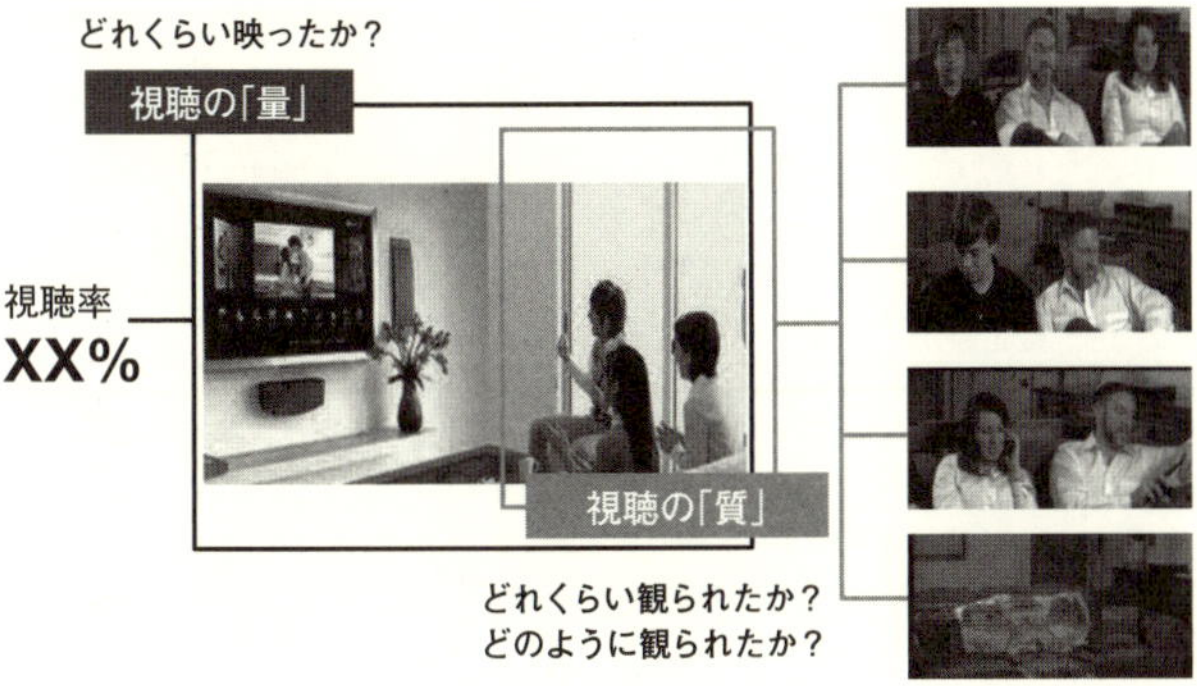

TVIデータより見えたCM枠の効果の違い

(図1-⑯)

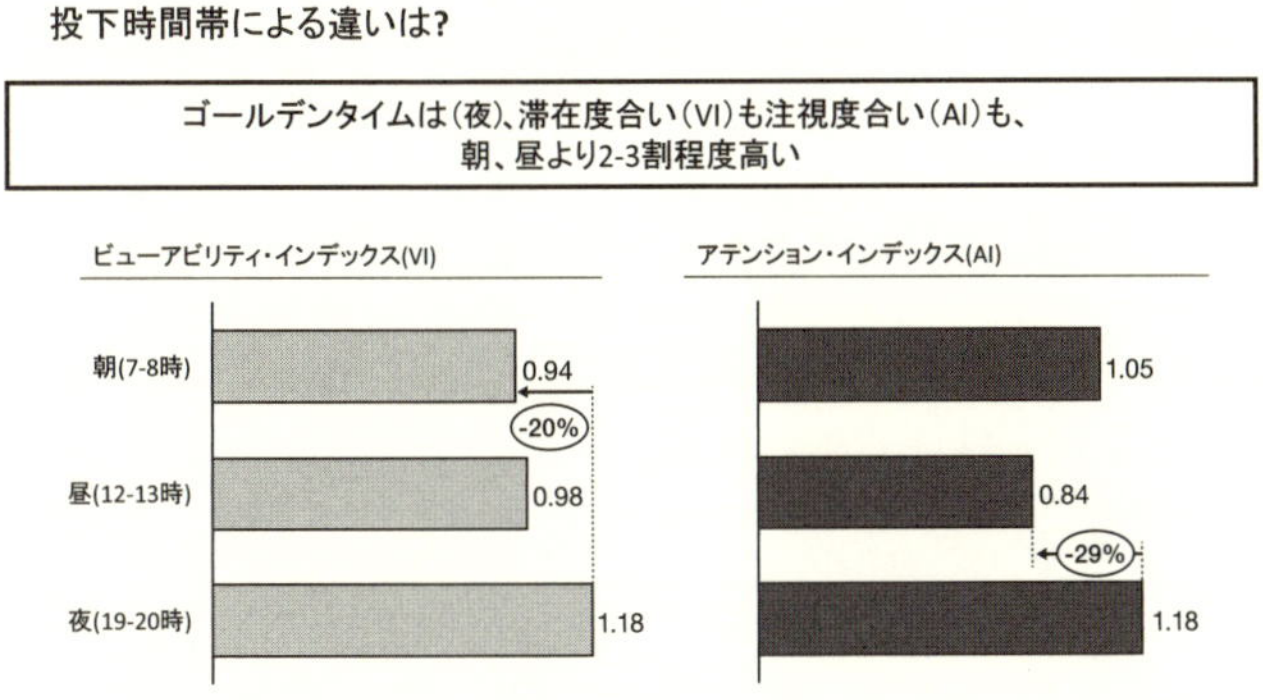

* TVI110世帯実験データ。期間6/8-9/6の13週間、民放5局データ

面を見ている」をアテンション・インデックス（ＡＩ値）として測定している。

２０１５年６月から実施された実証実験（東京23区１１０世帯２６０人のサンプル）によると、マクロデータとして、たとえば、時間帯によるＶＩ値とＡＩ値に違いが出てくる。（図１－⑯）

やはり、朝の時間帯は、平日は出勤や通学のために、身支度をしている時間であり、テレビが点いていてもじっくり観ている状況ではないので、ＶＩ値やＡＩ値は夜の時間帯より低くなる。しかしＡＩ値は昼の時間帯より朝のほうが高く、視聴習慣や番組の性格が反映しているように思える。また、週末の朝のＡＩ値は夜の時間とほとんど同じであることもわかる。（図１－⑰）

番組ジャンルによってＡＩ値に相違も出てくる。平均より高いのは、映画、アニメ、スポーツ、ドラマなどで、平均より低いのは情報ワイドショー、ニュース報道、音楽番組などである。

さて、この番組におけるビューアビリティとアテンションのデータは毎秒単位で記録されているので、番組のどんな映像や音声に視聴者が「喰いっているか」がわかる。通常テレビ局の番組プロデューサーはビデオリサーチ社の毎分視聴率を見て番組内容のどこに視聴者が反応したかを判断しているのだろう。しかし、毎分視聴率は「テレビが点いている」という状態を示しているに過ぎない。筆者もある番組での視聴率とＶＩ値とＡＩ値の時系列データを分析してみたが、いわゆる毎分視聴率の上下とはまったく別な時間（内容）でＶＩ値やＡＩ値の波が生じている。番組内のどんな内容が視聴者の注視を獲得しているかは、単なる毎分視聴率ではわからない。

TVIデータより見えたCM枠の効果の違い　（図1-⑰）

投下時間帯による違いは?

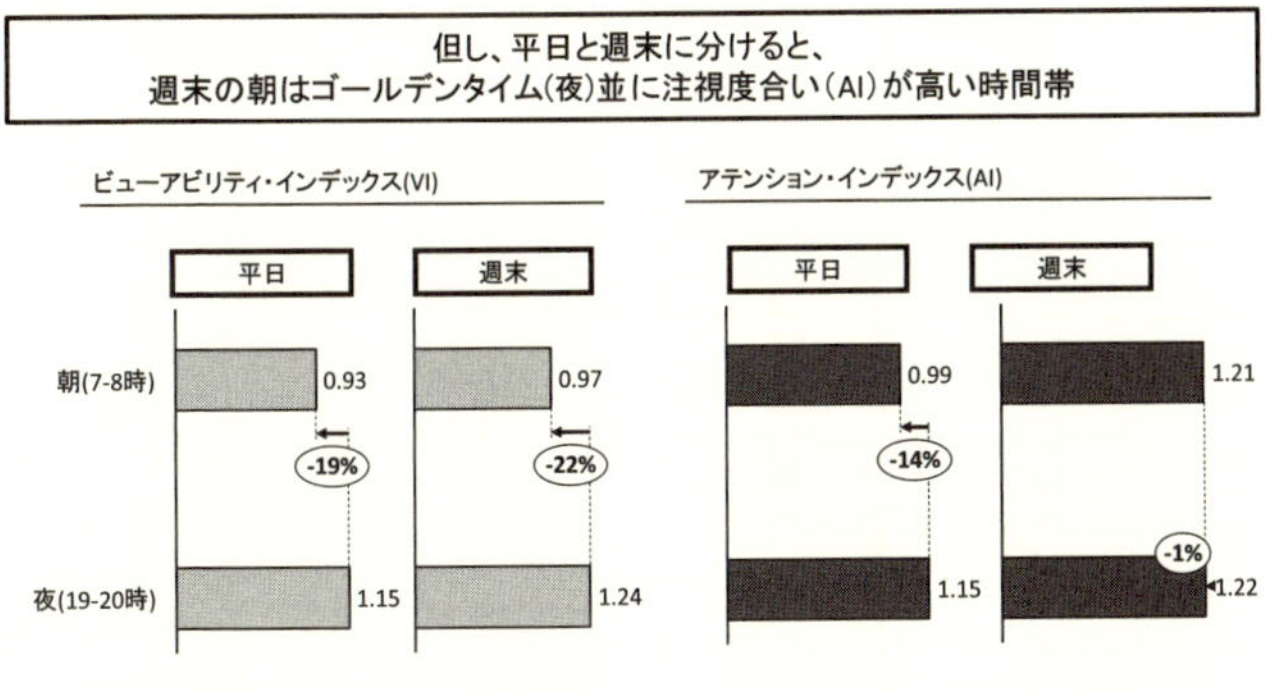

* TVI110世帯実験データ。期間6/8-9/6の13週間、民放5局データ

テレビ局はもっと自社番組について、その「視聴質」を把握すべきだろう。視聴率というデータだけでは「商品が何個売れたか」しかわからない。「誰が何個買ったか」を知るべきで、さらに「商品にどんな関与をしたか」をテレビの前の滞在度合いやテレビ画面への注視度合いで知るべきだろう。ネットフリックスなど視聴データを解析して、コンテンツマーケティングにまで応用している企業に比べると、日本のテレビ局は視聴データの分析を怠ってきたと言えるのではないか。

テレビＣＭの視聴質を分析する

テレビ視聴におけるビューアビリティ（滞在度合い）とアテンション（注視度合い）は、テレビＣＭも測定の対象となる。この測定は１秒単位で行われているので、特定のテレビＣＭ（15秒）を測定できるのだ。視聴質を評価する意味では、テレビＣＭに多額な投資をしている広告主にとって、自社及び競合ブランドのＣＭのアテンション・インデックス（ＡＩ値）を知ることは極めて有益なことだろう。

もちろんＣＭクリエイティブをより良くするためのデータではあるが、このデータから簡単にＣＭクリエイティブを最適化できるというものでもない。ただ、今まではＣＭクリエイティブを数値化して評価してこなかったが、今後はこうした数値をノーム値化していくことで、ＣＭクリエイティブの力を底上げしていくことも可能だと考える。テレビＣＭに多額の投資をしていて、複数本のＣＭを毎年制作する広告主は、このようなデータを取得する価値がある。まず、このＡＩ値が、指標として価値があるかどうかを同じ被験者を対象に行ったアンケート調査結果と照らし合わせてみる。

ＡＩ値は「ビューアビリティのうちのアテンションの割合」なので、ＣＭ素材そのものを評価するにはＡＩ値だけで良いが、認知との相関を正確に得るためには、オンエア回数やＶＩ値との相関も見る必要がある。ＣＭ認知度とオンエア回数の相関係数は０・58に過ぎないが、オンエア回数にＶＩ値を掛けた数値と認知度の相関係数は０・73にまで上がる。つまりビューアビリティが高い時間帯や放送枠（ポジション）などが認知に影響していることがわかる。（図１－⑱）

また、高いＡＩ値はブランドリフトに貢献するかどうかを見るために、アンケートでのＣＭ好感度とＡＩ値の相関を見てみると相関係数は０・63となった。（図１－⑲）ここでは自社ＣＭのＡＩ値とその認知度を測り、相関しているかどうかを確認すべきで、マクロデータだけで判断してはいけないだろう。

アンケートでは購買意向までを測っているが、ＡＩ値が高いＣＭは認知度も好感度も高く、さらに購買意向値も高い傾向にある。こちらも個別のブランドごとに確認すべきだが、こうした中間指標としてのＡＩ値を評価できるなら、ぜひノーム値化することをお薦めする。こうしたデータを時系列（つまりリアルタイム）で自社ブランドと競合ブランドを別々に把握しておくべきで、こうしたデータでアクションを起こすべきかどうか、どういうアクションをどの程度すべきかを決める材料とすることができる。たとえば、リアルタイムで自社ＣＭのＡＩ値を測定していて一定の閾値を割ってきた場合、これは素材の差し替え時期だと判断することができる。

出稿プランを最適化するためにもこうした「視聴質データ」は有効だ。特に詳細は記さ

TVIデータの可能性― 指標としての意味合い （図1-⑱）

高いVIスコアを持つCMは、ブランドリフトを助けるのではないか

認知度はオンエア回数(≒GRP)とある程度相関を持つが、
滞在度合い(VIスコア)を考慮することで、更に認知度との相関を強められる

各指標とCM認知度の相関度

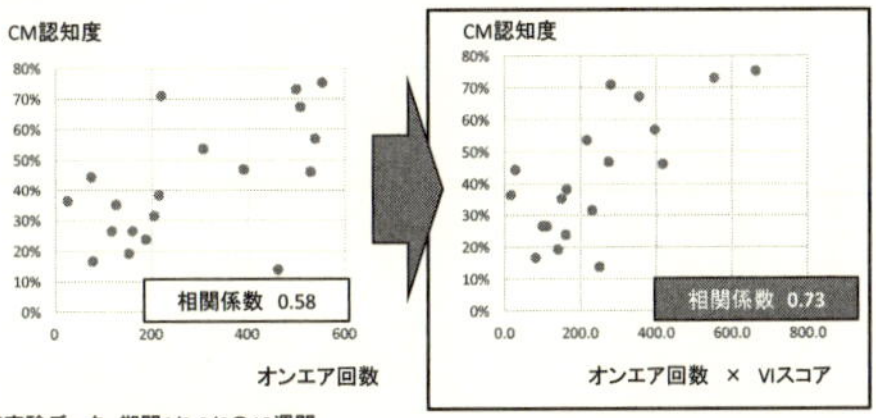

* TVI110世帯実験データ。期間6/8-9/6の13週間
* サーベイは9/11-14日に実施、有効サンプル162人。認知度は実際のCMを閲覧しての助成想起
* オンエア回数、30秒は2回としてカウントしている

TVIデータの可能性― 指標としての意味合い （図1-⑲）

高いAIスコアを持つCMは、ブランドリフトを助けるのではないか

好感度と注視度(AIスコア)の間には、相関がある程度見え、
AIスコアは好感度の先行指標となりうる可能性がある

各指標とCM好感度の相関度

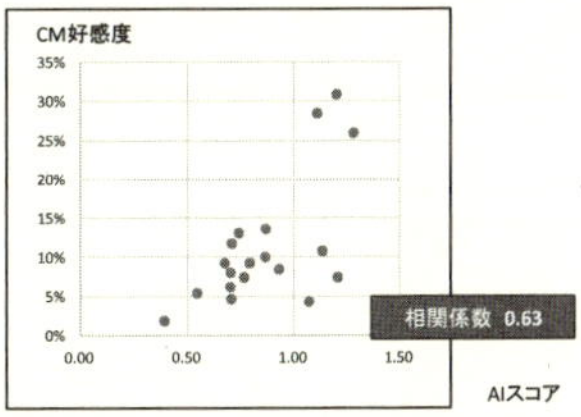

* TVI110世帯実験データ。期間6/8-9/6の13週間
* サーベイは9/11-14日に実施、有効サンプル162人。認知度は実際のCMを閲覧しての助成想起
* オンエア回数、30秒は2回としてカウントしている

ないが、ＣＭ全体の平均ＡＩ値はタイム（※９）かスポット（※10）かでも、ステーションブレイク（※11）かＰＴ（※12）かでも差が出ている。また、ＣＭチャンス内のポジションでも差が生まれている。

さて、テレビＣＭの素材別ＡＩ値は高いものと低いものでは大きな差がある。業種別にも差が出るが、同じ業種内でも高いものは、低いものの４～５倍あるケースもざらである。これが認知や態度変容と、ほぼ相関するとなるとＡＩ値が高いクリエイティブをつくったほうが良いのは言うまでもない。

録画再生によるＣＭ到達を加算して考える

ユーザーに許諾をとって取得している東芝レグザの視聴ログデータは、シングルソースでリアルタイム視聴（ライブ視聴）と録画再生視聴が測定できている。リアルタイム視聴でのＣＭ到達のみをカウントしている日本のテレビＣＭ市場は、「録画再生ではＣＭはほとんどスキップされているもの」という論調があり、どうも評価の対象にならなかった。一方、米国ではすいぶん前から3＋といって放送後3日以内の録画再生率を視聴率に加えてカウントするなどの仕組みが進んでいる。

日本でもやっとビデオリサーチ社が2017年からこうした録画再生率も通常の視聴率測定世帯に統合して、900世帯で調査することが予定されている。筆者が東芝レグザデータで、こうした録画再生によるCM到達（つまり再生時にCMがスキップされずに視聴された分）を見てみると、番組によっては非常に大きな到達量となっているケースがあることを掴んでいる。（図1－⑳）

上があるスポーツ中継のライブ視聴におけるCMタイムの視聴率（東芝レグザデータでは視聴割合と言う）と録画再生され、かつCMがスキップされずに視聴された分を足し上げた数値、下は同じく、あるドラマのそれである。スポーツは生で観ないと面白くないコンテンツなのか、そもそも録画率が低い。一方ドラマはライブ視聴では視聴率（ここでは視聴割合）が4・1％しかないのに、録画再生率が11・3％もある。その上で、CMがスキップされずに視聴された分をライブ視聴時のCMタイムの視聴率に足し上げると、

東芝「レグザ」の視聴データ　（図1-⑳）

番組別毎分（秒）視聴割合グラフ

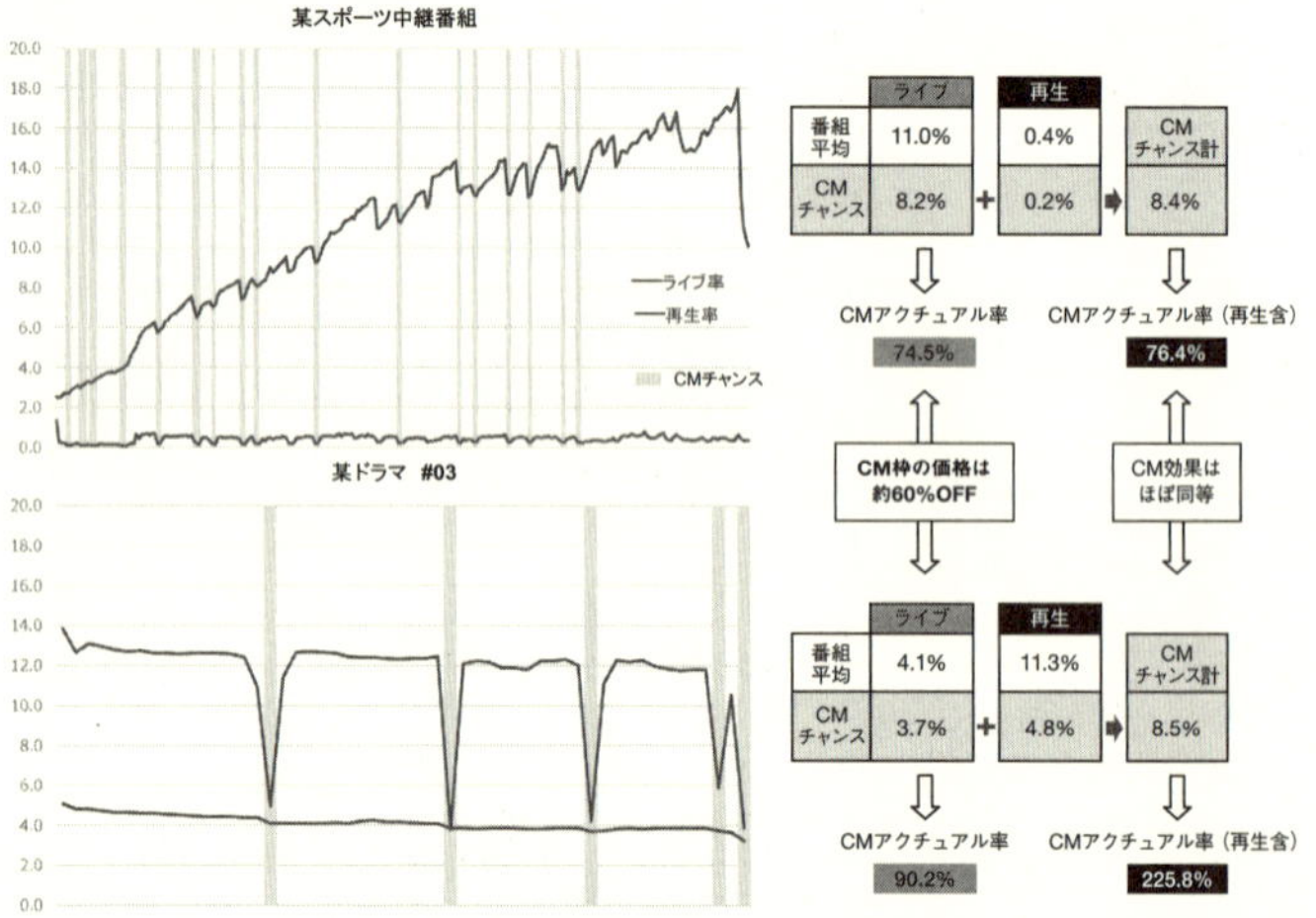

※東芝「レグザ」（全国約21万台・関東約9万台：2016年2月末時点）の視聴データを集計。
機器別の視聴データとなるため、VRの世帯視聴率よりも低めの数値となります。

このドラマのトータルなＣＭ到達は、ライブ視聴での番組視聴率で３倍近いスポーツ中継を超えることになる。こうなるとかなり評価が違ってくることになる。広告主もこうしたデータをしっかり把握しておかなければなるまい。

ドラマやアニメは比較的録画率・録画再生率が高く、アニメなどはＣＭのスキップ率が低い。子供にＣＭをスキップするリテラシーが低いのと、ＣＭにアニメキャラクターが出てくることなどからＣＭが視聴されやすいのだろう。この録画率・録画再生率・ＣＭスキップ率を番組ごとにデータ化しておくのも、最終的なＣＭ到達量を確保するためのメディアプランに重要なことだろう。

※5
パネル … 継続的に観察し、記録やデータを取ることのできる固定した対象のこと。テレビ視聴パネルとは、テレビの視聴データを継続的にとることのできる視聴者の集まりということ。

※6
デモグラフィック … 顧客データ分析のために分けられた人口統計学的属性。
性別、年齢、収入、職業、学歴などのこと。

※7
クラスター … グループ分けされた集団、群のこと。

※8
シングルソースデータ …同一の対象者に商品購入、広告への接触、ライフスタイル、行動分析などの多数の情報が紐づけされたデータ。購買行動の関係性を個人ベースで分析できるデータのこと。

※9
タイム … 番組提供スポンサーとして番組が流れる時間中に入るCMのこと。

※10
スポット … 番組提供とは関係なく入るCMのこと。

※11
ステーションブレイク … スポットのうち、番組と番組の間で入るCMのこと。

※12
ＰＴ … パーティシペーティング・コマーシャルの略。スポットCMのうち、番組内に入るCMのこと。

現場レポート①

脳波測定でここまでわかる！
無意識にアプローチするCM評価測定

テレビCMのテスト視聴は現在、アイトラッキングや心拍数の測定などをもとに被験者の反応を分析し、主にアンケートへの回答という形でCMを評価している。しかし、人間が意識している領域はたった5％、その大半は無意識の中で情報が処理されているということがわかっている。つまり、意識の領域で判断しているアンケート調査よりも、無意識でどのような感情を発生させているのか、という分析のほうがより正しい分析になる可能性が高いのではないだろうか。

ここでは、慶應義塾大学理工学部で脳波の研究を15年以上続けている満倉靖恵准教授と電通サイエンスジャムの代表取締役社長・細金正隆氏が開発した、脳波から五つの感性（興味、好き、ストレス、集中、鎮静）が分析可能な簡易型評価キット「感性アナライザ」を使って、脳波解析をどのようにCM評価測定に応用していくのかについて、話を伺った。

横山：化粧品会社の事例ですが、朝は化粧をしている時間帯だから化粧品のＣＭを流すタイミングとしては良いですよね。でも、平日の朝は出かけるための身支度をしているので、ほとんどテレビの前にいません。実際にデータを取ると朝の時間帯はビューアビリティが低い。でも、ＣＭを「聞いて」いて認知はしていることがわかっている。つまり、朝に流すＣＭはナレーションやサウンドに気を付けたほうがいいかもしれないということなんです。

ＣＭのクリエイティブ評価、強制視聴によって得られた視聴データ、どんなターゲットに向けて、どのタイミングで、どんな番組の中でＣＭを流すか。様々な調査方法や分析、データ解析のおかげで、ＣＭの効果は多くの変数が絡み合って決まっていることがわかっています。

ここでは、脳波測定により生活者の無意識にフォーカスし「興味」「好き」「ストレス」「集中」「鎮静」の五つの感性を脳波からリアルタイムに解析する感性アナライザについて伺いたいと思います。「ＣＭを科学する」というテーマにあたり、広告を最適化するために「感性を分析する」技術をどう活かせるのか。ＣＭに特化した話ではなく、マーケティング以外の活用方法についても伺ってみたいですね。まず、「感性アナライザ」とは、どのようなソリューションなのでしょうか。

細金：元々、満倉先生が15年以上もの間、「脳波を分析し人間の感性を把握する」という研究をされていました。そのうち、一番有効性がありそうな「好き」「興味」「集中」「ストレス」「鎮静」という五つの感性をもとにロジックを組み立て、簡易的に分析できるサービスとしてビジネス化したものです。

脳波を正確に測定するのは非常に困難で、それが簡易的にできること自体がかなりのイノベーションです。実は、ｆＭＲＩや従来の大型の脳波計を装着してＣＭを見てもらえば反応は出ますが、頭にゼリーを塗ったり、あちこちに電極を装着する必要があり、ものすごく時間がかかる。そんなストレスを感じる状態でＣＭを見せること自体、不自然ですよね。

それに対し、「感性アナライザ」は、頭の一カ所だけで脳波を測定できます。脳波の信号は微弱で抽出するのが難しく、たとえば瞬きする時の筋肉の動きで発生する信号のほうが圧倒的に大きいため、異常値に埋もれてしまいます。そういった異常値も信号処理によって排除し、脳波を正確に測定・分析し、感性に結びつけることができます。専用のアプリを使いBluetoothでつなげ、リアルタイムで現在の感性を把握することができるのです。クラウド仕様の感性アナライザを使えば、世界中で測定することも可能です。

たとえば、オーストラリアのユニクロでは「Ｕｍｏｏｄ」というキャンペーンを実施しました。脳波を読み取ることで、その人にピッタリの商品を見つけてくれるというもの。

ヘッドセットを装着して画面に映った画像や動画を閲覧すると、その時の気分に合わせたデザインのTシャツをオススメしてくれます。これは広告ではなく、リコメンドエンジンとしての活用事例です。フォルクスワーゲンでは、電気自動車に試乗した人の脳波を測定し、乗車後、その人の脳の状態にふさわしいコーヒーを提供するという施策を行いました。

満倉：実際に細金さんの脳波を調べてみましょう。まず、デフォルトでの脳波を調べるキャリブレーションという作業をします。脳波は個人差があるため、それを正規化するんですね。この感性アナライザを装着して75秒間の正規化を終えると、最初の状態がどのようになっているかがわかります。世界に脳波計はたくさんあるのですが、最初のキャリブレーションに大体30分ほどかかります。それを75秒間で正規化できるのは世界初です。また、オンラインで感性を解析できるのも世界初となる大きなポイントですね。

細金：キャリブレーションが終わると、今の感性の状態が表示されます。「興味」が上がっていますね。何に反応して興味度が上がっているかは別途調べなければならないんですが、カメラで撮影しておけば、あとから要因が確認できます。今、取材を受けているからかストレスが高い（笑）。すべて同時に表示して、どの感性が高いかを比較することもできます。

横山：たとえば、集中度が高い場合でも、「好きで集中度が高い」のか「嫌いで集中度が高い」のかを判断しないといけない、ということですよね。

細金：まさにその通りです。ただし、「集中」させている原因は特定できます。ほかも、ストレスは一番わかりやすい。ストレスを与えているものを排除していけばストレスがない状態がつくれるので、ストレスチェッカーとしても役立ちますよね。

しかもこれは、歩いて動きながらでも測定ができます。これはｆＭＲＩでは絶対無理ですね。広告に限らずいろいろな運用範囲があり、素人が見ても「ストレス」の要因や、「集中」が途切れた要因がわかります。そして意外と「興味」が上がりやすいんです。

僕がこの感性アナライザに一番驚いたのが、「自分でも気が付かない、本能で欲しがっているものが発見できる」こと。興味があると自認している写真には反応せず、本能で興味があるものに反応するんです。この状態でカメラを取りつけ、リアルタイムで撮影した映像を同期することもできます。そうすると、どこでなにを見た時になんの感性が上がったのかが一目でわかるんです。

満倉：これは子供でも成人でも測定可能で、新生児の脳波も測りました。泣く瞬間の脳波や、おしっこが出る瞬間がわかりました。横山さんも測定してみますか。

（装着後）

横山：興味度や集中度が高く出ていますね。これで映画を観たりすると面白そうです。

細金：まさにそうなんです。映画を観ると退屈なポイントなどが、ある程度わかります。予告編をつくる時にA／Bテストをすれば、どちらがいいかなどの目安がつきますよね。CMの場合はA／Bテストをあまりしませんが、ビデオコンテの段階でも役に立ちます。またコンテンツ評価以外の活用事例も多いです。広告代理店は今後テクノロジーを駆使しながら新しい接点をつくるべきだと思います。
先日、タイヤメーカーの新商品開発を手掛けたのですが、新商品のタイヤを使った車に乗った状態で脳波を測って「このタイヤを使えば、運転しても疲れにくい」ということを証明しました。五つの指標をベースにして、疲れない要因を編み出し、実際に走行比較のブラインドテストをしたら被験者全員にはっきりポジティブな結果が出たんです。やってみるまでわからないものなんですが、この実験の結果をエビデンスにしてテレビCMにしてもらいました。

横山：クリエイティブを最適化するだけでなく、広告メッセージのエビデンスを客観的な数値で出せるのは画期的ですね。しかし、実際に体験してみると、みんなに頭の中を見られているようで恥ずかしいものですね（苦笑）。無意識の反応を見ることができるのであれば、商品のターゲットになりそうな人たちを集めて、広告コミュニケーションの構成要素のアタリをつけるということもできそうです。

細金：脳波測定がＣＭのクリエイティブに関して役に立つのは演出の部分だと思います。クリエイターは様々な工夫を凝らして、なんとか視聴者に印象付けようと努力していますが、実際に効果を発揮するようなものって、理屈では説明が難しい。なぜそこにこだわるのか、というような細かいディティールだったりします。たとえば、重要とは思われない脇役のキャスティングだったり、情報訴求に一見関係のない１シーンだったり。ただ、クライアントにその重要性をプレゼンしても理解されないこともあるかと思います。脳波で実証するデータがあれば楽だと思いますよ。今まで暗黙知でやってきたようなノウハウもちゃんと証明してくれますから。

満倉：以前、ニュース番組でも取り上げられたのですが、この機材を装着して街を歩く実験をしたことがあります。これまでは、どこを見ていたのかという視点の追跡や、どのタイミングでどういう気持ちになるかというのは、事後のアンケート調査で、意識のフィルターがかかった答えを回収していたわけです。しかし、今では、無意識の正直な感性をそのシーンに照らし合わせていくことができます。

細金：これを使って海外からの観光のニーズに備えるための実験も行いました。この実験では、どういった状況で観光させるとお客さんに喜んでもらえるか、また、どんな対象物に興味度が上がるのかを調べました。
ガイド付きで観光した人とそうでない人とでは、ガイド付きのほうが全体の「興味度」が高くなります。情報のアシストがあると、観光の価値が上がるというのが脳波でも証明できました。

広告以外の事例だと、ほかにファミリーレストランの導入事例もあります。たとえば、メニューを決める際の調査では、一番選びたくなるメニューの要素がわかりました。商品を見た時、食べた時に、どれだけ興味度が上がっているかなども分析しています。また、ストレスがかかりやすい空間の要素なども分析して、店舗設計の改善に役立てています。

介護施設でも感性アナライザの技術が役に立っています。介護が必要な方には、意識があり耳は聞こえているが反応ができないという方がいらっしゃいます。こうした場合、介護する側にしてみれば反応がなにも返ってこないことが辛いのですが、患者の脳は動いていますので、介護されて、今ストレスが下がった、ということがわかるだけでも嬉しいし、介護するモチベーションが保てます。

満倉：今は建築現場で設計や空間の評価をしています。有名建築家の設計がなぜ居心地が良いのかなど、雰囲気ではなく、なにが原因で居心地が良いと思ったのかをハッキリさせたりしています。また、集中できるスペースとはどのようなものか、知的生産性を上げる空間とはどのように設計するのかなどの解析（可視化）に役立てています。人をたくさん見た時に、どの人に興味が湧いたかもすぐにわかるので、そういう使い方もされています。乗り物の、乗り心地の調査もよくやっています。簡易型になったことによってなんにでも活用できるようになりました。

横山：ビッグデータ解析もいろいろな種類がありますが、マーケティングデータは下処理が8割ぐらいです。ノイズをどうやってリダクションするのかが重要ですよね。経験値的に把握

してお かなければならないことも多いのに、パソコン上のデータしか見ていない人もいます。リアルな購買データを調査しているのに、その店のポイント3倍データのことを知らなかったり。その日だけデータが大きく変わるのは当たり前です。電子データだけに頼りすぎると、どこが本当の「ゆらぎ」になっているのかが掴めませんから。

細金：たとえば売り場の棚の改善にも使えますよね。実際効果を上げている会社もあります。

横山：最近は「売り場」じゃなくて、「買い場」の視点でつくろうと言いますよね。まさに究極の顧客視点です。

満倉：先ほどのファミリーレストランの事例でも、特定の店舗に人が入らない理由や原因を、感性アナライザを使うことで判明させたようです。

横山：テレビ局なら番組をどんなふうに見てもらっているかを分析できますよね。テレビ局のプロデューサーは、ビデオリサーチの毎分データの視聴率しか見ていません。このデータは、チャンネルを変えたりスイッチをオフにしたりした時の数値です。だから、誰が出てきた時に反応が良くなったかなど、内容に連動したデータは見ていないんです。本当はコンテンツマーケティングをすべきなんです。テレビ局はあれだけのお金を動かしているんだから。

視聴率という指標は、お店にたとえると「商品が何個売れたか」という意味しかないんです。「誰が何個ずつ買ったのか」もわからないし、「商品の中身にどう反応したか」も見ていないし、「購入した理由」も不明です。テレビ局の番組編成権はそもそも視聴者に移っていますので、編成局はなにをやるのかよくわからない部署になっています。本来ならば制作部に対して「この枠の視聴者には○○な人たちがいます。ここをキープしたまま、裏番組から□□な人たちを獲得するために、こんな番組をつくったらどうか」と提案するのが編成局の仕事だと思うんですが、まったくやっていないと思います。

細金：世の中に数多くあるメディアの価値って判断基準が難しいですね。今は人気のトレインチャンネルもそのメディア力はモニターの想定接触人数で測っていたと思います。でも実は脳波を分析したら接触数以上に一人の脳に与える影響が大きいメディアかもしれないわけです。もちろん、広告内容も影響しますが。

ゆくゆくはこういった分析で、「効くメディア」がわかってくると思います。本当の視聴質というかインプレッションデプスみたいなものが脳で測れるようになり、その数値によって媒体価値を決めるということもあるかもしれません。そうなると、今の基準でつくられた媒体価値は、ガラっと変わってしまうかもしれません。もちろん感性は個人差があり、相対的な関係性で決まる面もありますが。

横山：もちろん、ユーザーというかオーディエンスで決まるし、時間帯でも決まりますしね。

細金：そうですね。様々な変数があるのですが、データを全部束ねた時に、経験的になんとなく思っていたことが、数値化して実証されることが増えてくるのではないかと思います。

横山：CMではナレーションや音楽といった音が重要なんですが、この感性アナライザでは、集中や興味が音によってどう変わるかが大事なんですかね。

細金：そこは要素分解して調べればいいと思います。音だけ聞かせてどうなのかとか。

横山：この書籍の中に『なぜタケモトピアノのCMで赤ん坊は泣き止むのか』という節があります。（P87）その理由には、さまざまな分析があります。赤ちゃんが非常に心地良く感じる音になっている、財津一郎さんの声が要因、などと言われていますが、「泣いている子が泣き止む」ということは、なんらかのフックが最初にあったということなんですよね。気付きがあって、そのあと心地よくて泣き止んだのか、別の興味に移ったから泣き止んだのか、最初のアテンションがなんなのか。音階がすごく飛んでいるから、とも言われたりするんですが、実際わからないですから。

テレビの最大の売りは、音がデフォルトであることなんです。ＰＣやスマホって音量をミュートにしている人が多いので。そういう状況も含めて、番組のどこに人が一番反応して食いついているのかなど、なぜもっとデータを使って分析しないのかと思います。

細金：言葉も脳に影響を与えているんですよね。言葉がイメージを形にして印象や記憶として残したりするのだと思います。だから、音も映像も言葉も、一つひとつが大事な構成要素です。ここは、まだしっかりと調べられていませんが、今後はこれらの関係がより明快になってくるかもしれません。

第2章

クリエイティブを科学する方法論

無理やり見せて意見を聞く調査の限界

ティービジョンインサイツ社のテレビCM視聴質調査が優位性を持っているのは、まったく通常のテレビ視聴環境での調査であることだ。CMクリエイティブの評価には事前チェックとして、被験者の何人かにCMを見てもらい、その反応をアンケートなどで回答してもらう形式が採用されてきた。しかしこの方法だと、通常のテレビ視聴が「究極のパッシブ（受動）」であるのにもかかわらず、事前チェック調査では無理やり見てもらっての回答になる。

人間の脳の反応はその95％が無意識下のものであるのにもかかわらず、意識下の「認知」を指標として使うのは矛盾していると言えるだろう。実際にテレビCMを放送しなければわからないという点では、もしかすると今後ケーブルテレビなどを使った調査CMを実際のCMと同様に配信して事前調査するということも考えられる。

いずれにしても、注視していない状況でも、サウンドによって画面に振り向かせ、注視させるなど、CMが持つクリエイティビティを評価するには、実際の視聴環境において調査するしかない。CMクリエイティブの力を数値化することで得られるメリットは数多い。たとえば、CMによっては、初回接触時とフリークエンシーが重なるごとにＡＩ値の変化に違いが出る。つまり、１回目は高いが、２回目にはストンと落ちるCMや、逆にだんだんＡＩ値が上がるCMもある。もし、GRPがそれほど多くないことが最初から分かっていれば、つくるべきCMは初回のＡＩ値が高いものにすべきだろう。

ＡＩ値というデータでテレビCMクリエイティブを最適化できるか

テレビを視聴する自然な環境で測定するＡＩ値をもとに、クリエイティブはどう最適化できるだろうか。ＡＩ値の扱いはノーム値化して、自社及び競合他社のCMのＡＩ値を測定評価し、その値の違いがどんな要因で起こっているかを、時間をかけて分析しておくことだろう。ただ、実際にクリエイティブをどう改善できるかの具体策において、「企画コンテ」から「演出コンテ」にする時に、テレビ視聴者の「注視（アテンション）」はどんな要素や因子で行われるかというデータを基に「よりターゲットのアテンションを誘発する演出」をするということになる。そこがＣＭを科学することのアウトプットの一つだろう。

ブランドメッセージとしての「What to say」が揺らいでしまっては意味がない。しかし「How to say」の部分では、データをもとに最もターゲットのアテンションを引く「演出」を採用するということになるだろう。しかし、これは汎用的で、どんな業種のＣＭにも適応するような基準にすることは期待できない。特定商品カテゴリーの中の、特定ターゲットに対して、「より注視反応をしてもらえる演出・効果とはなにか」を探索しておくことだろう。

また、実際に測定可能なので、オンエアをしながらＡ／Ｂテストするという考え方もできる。くしくも２０１６年からテレビＣＭのデジタル送稿が行われる。最初の１００ＧＲＰを複数の素材で投下し、測定後、最もＡＩ値の高い素材にその後は一本化するという手法もあるだろう。これはまさにオンラインで行われている手法である。

演出プランこそ従来、経験と勘の世界だ。そこにデータを持ち込むことに拒否反応を起こすクリエイターもいるはずだ。しかし、今までクリエイターの「推す」演出案が広告主の好みで否定されることもたくさんあったはず。データで選択するということは、視聴者が選択するのと同義である。クリエイターの「推す」演出がデータに裏付けられるなら、「プロフェッショナル・リコメンド」は、データからも「リコメンド」されることになる。これからはデータを味方につけるクリエイターが、いいクリエイターと言えるだろう。CMは芸術ではないのだ。

筆者はそもそも、CMを作品と呼ぶことがあまり好きではない。CMは純然たるマーケティング活動であって、広告主がターゲット消費者とコミュニケーションするための手段である。それをクリエイターのエゴや広告主の好みで、消費者にとって最適化されたものが流れないということでは意味がない。ぜひ、そういう認識をCMに関わるすべての者に共有してもらいたい。

最初の5秒のAI値が高いと15秒全体も高い

よくYouTubeなどのオンライン動画広告では最初の5秒が大事だと言われる。それはスキップされてしまうからだが、実はテレビCMでも最初の掴みが大事だということがAI値の測定データ分析からわかっている。

（図2−①）は、最初の5秒の平均AI値が、全体の平均AI値と強い相関があることを示したグラフだ。相関係数はなんと0・88にも上る。AI値が1・2以上のCMのうち69％が最初の5秒の平均AI値も1・2以上となった。こうしたデータは毎秒デー

実証実験—CMのクリエイティブ分析（図2-①）

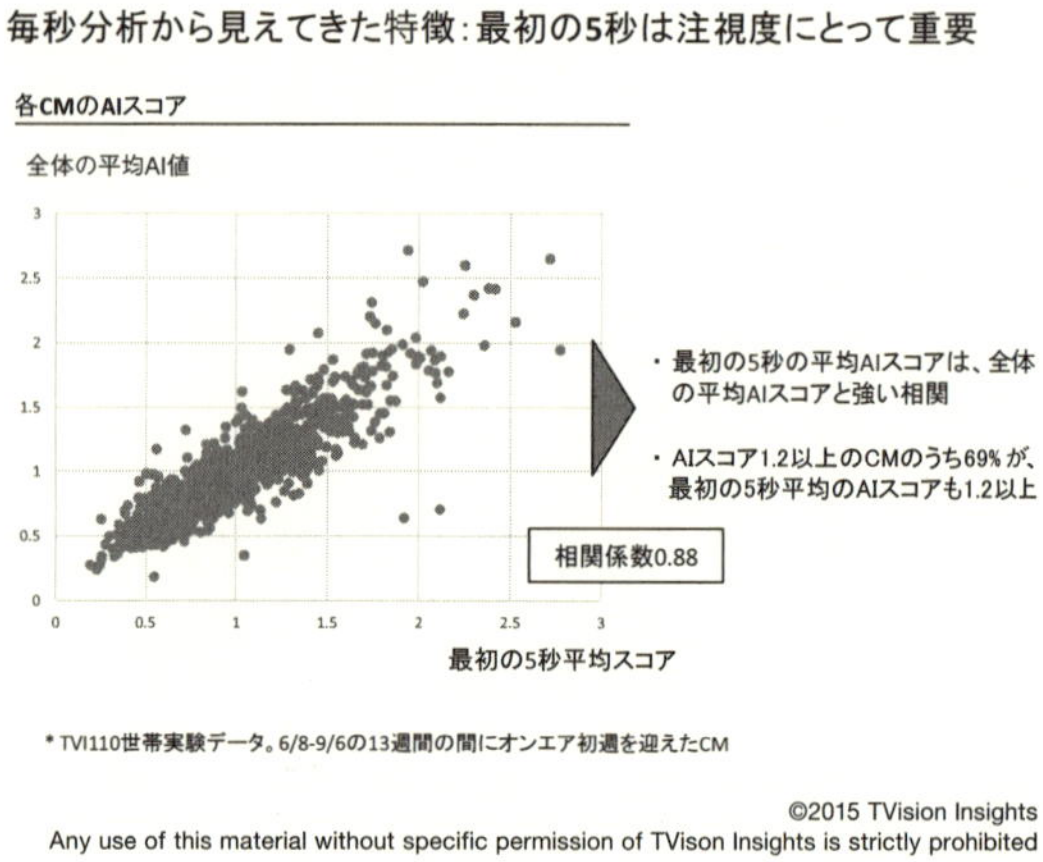

タで測定しているから分析できる。出だしで「なんのCMかわからない」または「インパクトがない」CMはその時点で高いAI値を獲得しづらいCMと言える。

CMの賞味期限と特性　九つのタイプ

テレビCMのクリエイティブを分析すると、AI値（注視度）の「初速」と「持続」により、CMを分類できることがわかった。（図2－②）は、テレビCMの放送開始初週においてAI値の高いもの、中間値のもの、低いものと三つに分け、かつ二週目のAI値も同じく三つに分けて、九つに分類したものである。

ティービジョンインサイツ社では、この九つを以下に分類した。

AI値	分類	割合
・初週も二週目も高い	スターCM	約5％
・初週は高く二週目は普通	好調維持CM	約8％
・初週は高いが二週目は低い	一発屋CM	約9％
・初週は普通だが二週目は高い	しり上がりCM	約6％
・初週も二週目も普通	標準CM	約17％
・初週は普通で二週目は低い	軟調CM	約15％
・初週は低いが二週目は高い	逆転CM	約7％
・初週は低いが二週目は普通	持ち直しCM	約18％
・初週も二週目も低い	低空飛行CM	約17％

実証実験—CMのクリエイティブ分析　（図2-②）

注視度の「初速」「持続」により、CMを分類

二週AIスコア
注目度の「持続力」を計測 →

初週AIスコア
注視度の「初速」を計測 ↑

	二週AIスコア <0.8	二週AIスコア 0.8-1.2	二週AIスコア >=1.2
初週AIスコア >=1.2	一発屋 9%	好調維持 8%	スター 全体の5%
初週AIスコア 0.8-1.2	軟調 15%	標準 17%	しり上がり 6%
初週AIスコア <0.8	低空飛行 17%	持ち直し 18%	逆転 7%

実証実験—CMのクリエイティブ分析　（図2-③）

各セグメントの事例

スターCMの事例は、視聴者への認知・好感に対しても高影響

各セグメントが全CMの中で占める割合

	二週AIスコア <0.8	二週AIスコア 0.8-1.2	二週AIスコア >=1.2
初週AIスコア >=1.2	一発屋 9%	好調維持 8%	スター 全体の5%
初週AIスコア 0.8-1.2	軟調 15%	標準 17%	しり上がり 6%
初週AIスコア <0.8	低空飛行 17%	持ち直し 18%	逆転 7%

・某発泡酒のCM
有名タレントが登場するため、
AI値を維持しやすい。

視聴者への
事後の想起率は平均より4割高い

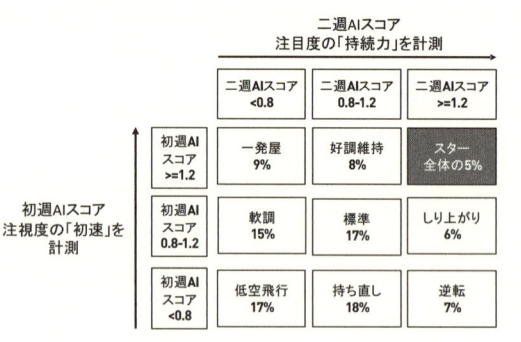

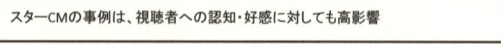

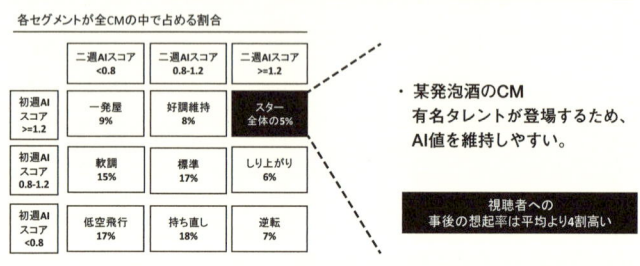

実証実験期間でデータ取得できたＣＭ素材の中で、被験者への事後アンケート調査を行ったところ、スターＣＭの想起率が平均より4割も高かった。（図２－③）（図２－④）（図２－⑤）

この分類でわかることは、投下ＧＲＰが少なければ、一回だけの接触者が多くなるので、あえて一発屋型ＣＭをつくるという選択があることだ。伝えるべきメッセージが単純明快であれば、またイメージを醸成するというような高等戦術でなければ、一回目のインパクトだけを取りに行くのも手だろう。あるいはこうしたＣＭは少ないＧＲＰでも効果があるようにと、こうしたデータを見なくても制作者が経験的に「的を射た」クリエイティブをつくっていたということだろう。ＣＭクリエイティブとしてはもちろん「スターＣＭ」を目指したい。しかし訴求する商品や、内容、出稿量によっては、「一発屋」「好調維持」「しり上がり」「逆転」のいずれかを目指してもいいかもしれない。

それぞれに分類されているＣＭの特徴や要素を分析すると、少なくとも「低空飛行」にならないための条件を見出すことができるだろう。成功する条件を掴むのは難しくて

実証実験―CMのクリエイティブ分析　（図2-④）

各セグメントの事例

一発屋は、特徴的、シンプルで、伝わりやすい
その代わり、飽きられやすく、ロングランには不向き

各セグメントが全CMの中で占める割合

	二週AIスコア<0.8	二週AIスコア0.8-1.2	二週AIスコア>=1.2
初週AIスコア>=1.2	一発屋 9%	好調維持 8%	スター 全体の5%
初週AIスコア0.8-1.2	軟調 15%	標準 17%	しり上がり 6%
初週AIスコア<0.8	低空飛行 17%	持ち直し 18%	逆転 7%

・某外食産業のCM

商品名を連呼し、初回は目を引くが、
「飽きやすい」典型

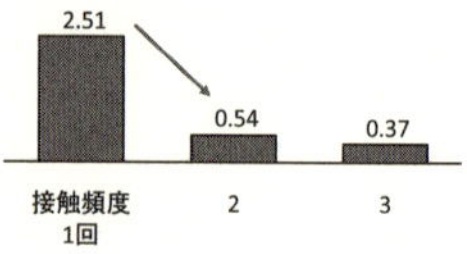

実証実験―CMのクリエイティブ分析　（図2-⑤）

各セグメントの事例

逆転は、初見では伝わりにくいが、二回目以降での注目をつなげられる
何回も見て欲しい「ブランド」型CMに向いている

各セグメントが全CMの中で占める割合

	二週AIスコア<0.8	二週AIスコア0.8-1.2	二週AIスコア>=1.2
初週AIスコア>=1.2	一発屋 9%	好調維持 8%	スター 全体の5%
初週AIスコア0.8-1.2	軟調 15%	標準 17%	しり上がり 6%
初週AIスコア<0.8	低空飛行 17%	持ち直し 18%	逆転 7%

・某IT系企業のCM

・前半はユニーク動画の切り合わせで、
一切ブランドとつながりがなく、最後で初めて
ブランドを露出
・動画の切り合わせもやや複雑で、捉えにくい

→最後でその企業のCMと認識した後に、
全編を通してみているのではないか

©2015 TVision Insights Any use of this material without specific permission of TVison Insights is strictly prohibited

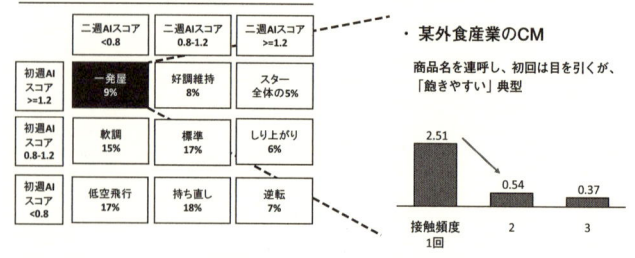

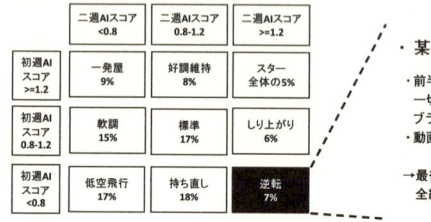

も、失敗する条件を避けることは可能なはずだ。ＣＭを思いつきだけでつくってしまい大失敗する、という危険を避けるための最低限のデータは得ておきたい。

視聴者はＣＭのどのコマに釘付けになり、どのコマで視線を外してしまうのか

テレビＣＭのＡＩ値の毎秒分析ではＣＭのコマごとにＡＩ値がどう変化するかを見ることができる。どこで注視し、どこで視線が外れるかにはある種の傾向がある。たとえば、同一商品のＣＭでも出演したタレントやキャラクターの出方によって注視度は変わった。どうも視聴者はシーン展開と出てくるタレントなどの要素によって、注視したり、しなくなったりするようだ。もちろんサウンドも重要な要素である。テレビは究極のパッシブなメディアだが、音声がデフォルトであることで強いプッシュ力を持っている。先ほどの平日朝帯のＶＩ値が比較的低いならば、朝帯用にサウンドやナレーションにインパクトのある素材を用意することも考えられる。ＣＭの要素としての音声と映像については後述する。（図２－⑥）（図２－⑦）（図２－⑧）

コマごとの注視度は、タレントの登場の仕方や、見せ方で違いが顕著に出るようだ。また映像展開の流れを切るようなテキスト画面（文字だけが表示されるコマ）は注視度を下げる傾向にある。

実証実験―CMのクリエイティブ分析　（図2-⑥）

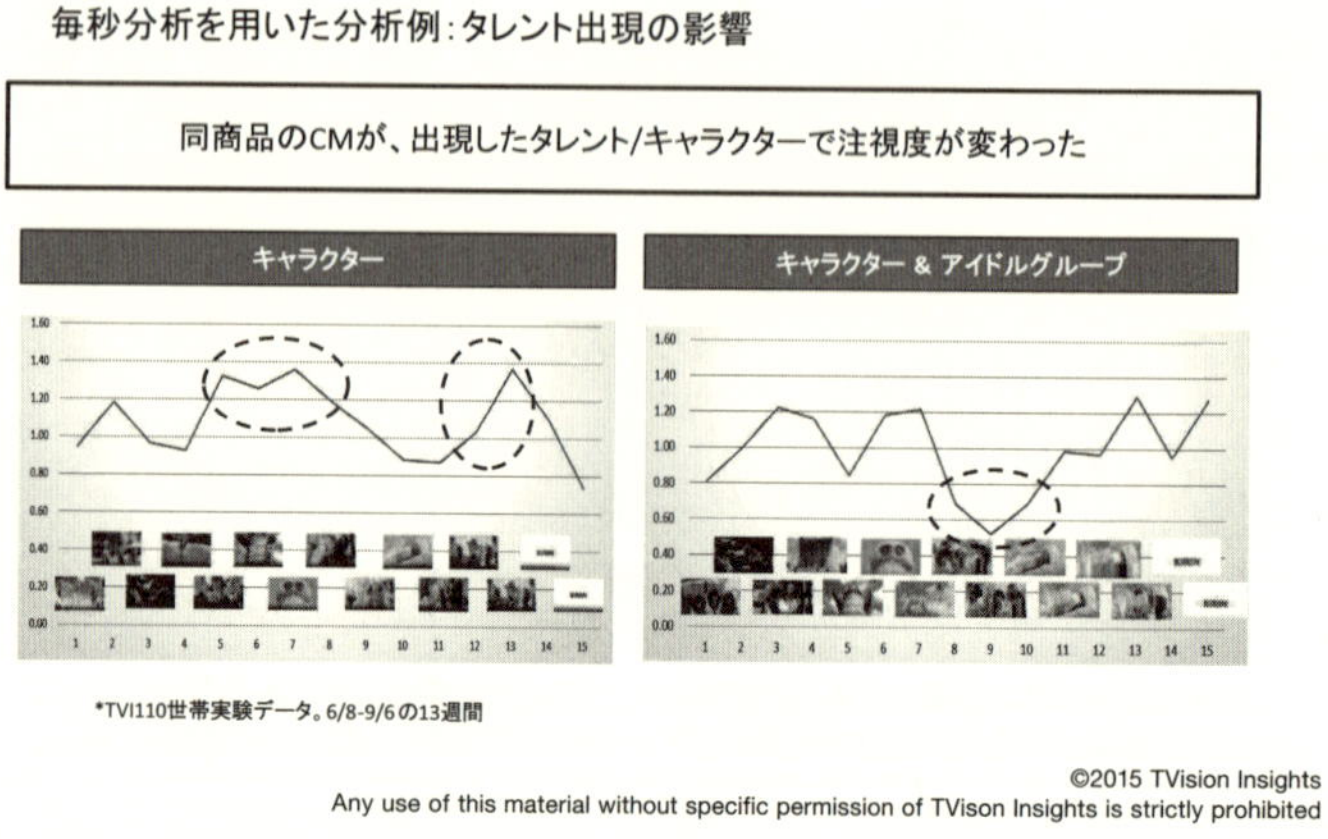

実証実験―CMのクリエイティブ分析　（図2-⑦）

毎秒分析を用いた分析例：タレントの出現の「仕方」の影響

タレントの見せ方で、違いが出る傾向の兆しがいくつかある

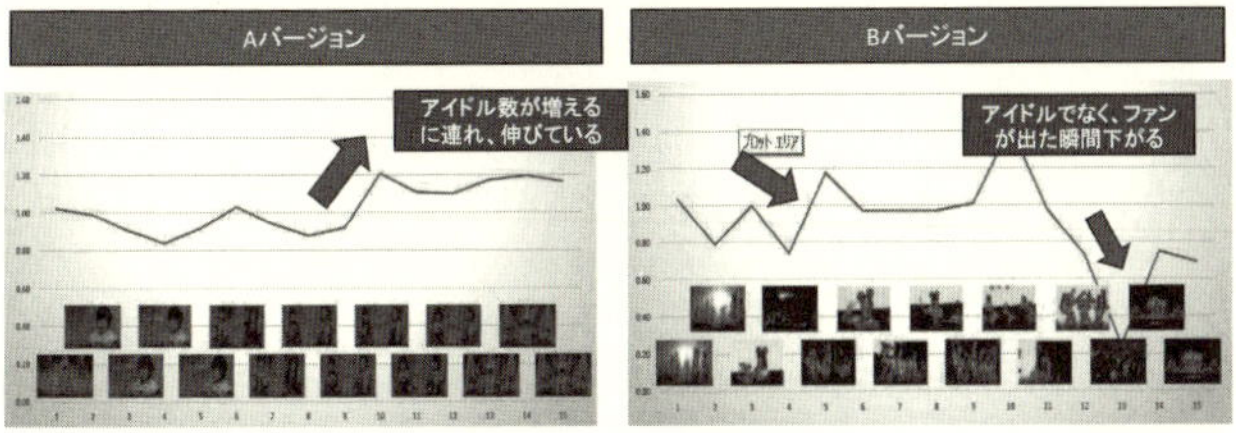

*TVI110世帯実験データ。6/8-9/6の13週間

実証実験―CMのクリエイティブ分析　（図2-⑧）

毎秒分析を用いた分析例：シーン分析

流れを切るテキスト画面の出現で、注視度を著しく下げている

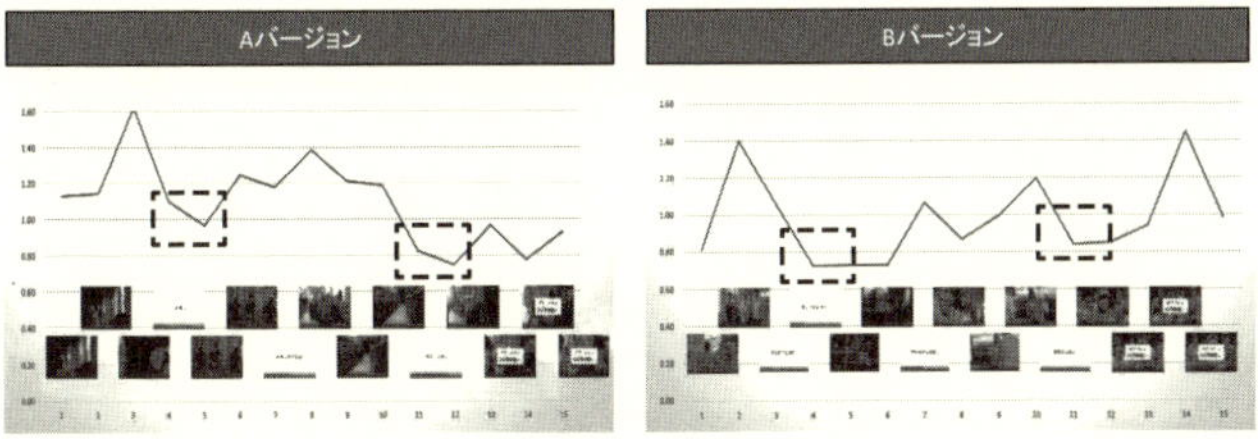

*TVI110世帯実験データ。6/8-9/6の13週間

ＡＩ値（アテンション・インデックス）に影響する要因

テレビ視聴というのが、デジタルデバイスに比べて非常にパッシブなもので、常に集中しているわけではなく、「ながら視聴」も多い。よって、ＣＭに関しても、よくあるクリエイティブチェック調査（フォーカスインタビュー的または脳波や心拍数、アイトラック測定）だけでは、基本強制的に視聴してもらうという点で、自然なテレビ視聴環境の実態との隔たりが想像できる。

さらに、ＣＭクリエイティブそのものだけがＣＭの視聴質に影響するわけではなく、曜日や時間帯、どんな番組コンテンツに挿入されるか、前後にどんなＣＭが放送されるか、また当然どんな視聴者層なのかによって変わるものと推定される。

「ＣＭを科学する」というからには、ＣＭクリエイティブだけを切り離してデータを取得してもあまり意味はない。前述したように、テレビＣＭには、一回目の接触時に高いＡＩ値を示すが、二回目以降に急激に下がるものもあれば、逆にフリークエンシーが重なるほどじわじわＡＩ値が伸びるものもある。クリエイティブの事前チェックは、初めて見せるＣＭの反応を強制的にとっているので、何回か見た場合の効果がどうなるのかはチェックできていない。そこに、このＡＩ値測定の意味がある。

たとえば、大量出稿が叶わない広告主からすると、とにかく一回目のＡＩ値が高くなるクリエイティブのほうが良いはずだ。科学的な分析によって、「ターゲットや出稿量に応じたクリエイティブ」というものが見えてくる。テレビＣＭの最適化を実現するためには、出稿パターンなどのメディアプランニングとクリエイティブは連動するものであり、切り離して考えてはいけないのだ。

タレント起用は効果的か

テレビＣＭにタレントを起用する効果はなんとも評価しづらかった。しかし、テレビＣＭのＡＩ値測定ではコマごとにタレントの登場シーンを追うことが可能で、使い方に

実証実験―CMのクリエイティブ分析 （図2-⑨）

CMの構成要素分析:タレントの場合

タレントありのほうがわずかに注視度が高い傾向

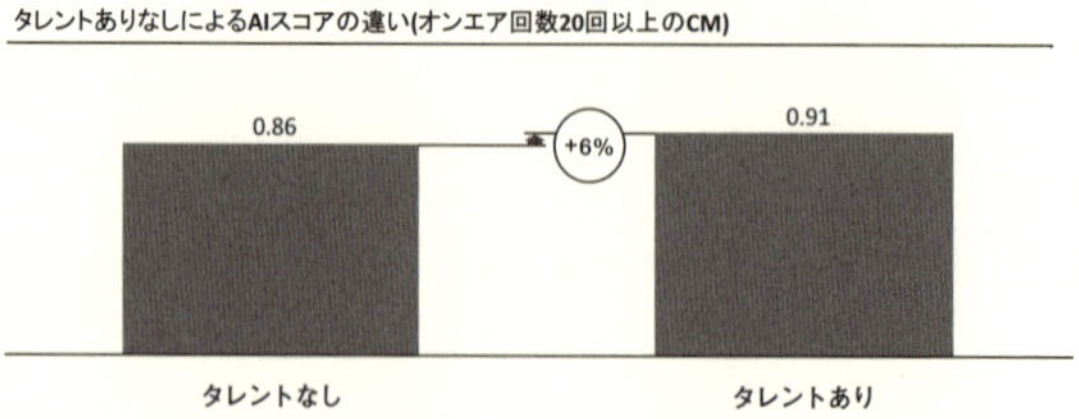

*TVI110世帯実験データ。6/8-9/6の13週間　放送回数20回以上のCMに絞り込んだ

実証実験―CMのクリエイティブ分析 （図2-⑩）

タレントの活用はAIスコアにとって重要か

ただし、タレントには、二週目以降の「持続」効果の傾向が見える
より理解され、より覚えられているCMである可能性

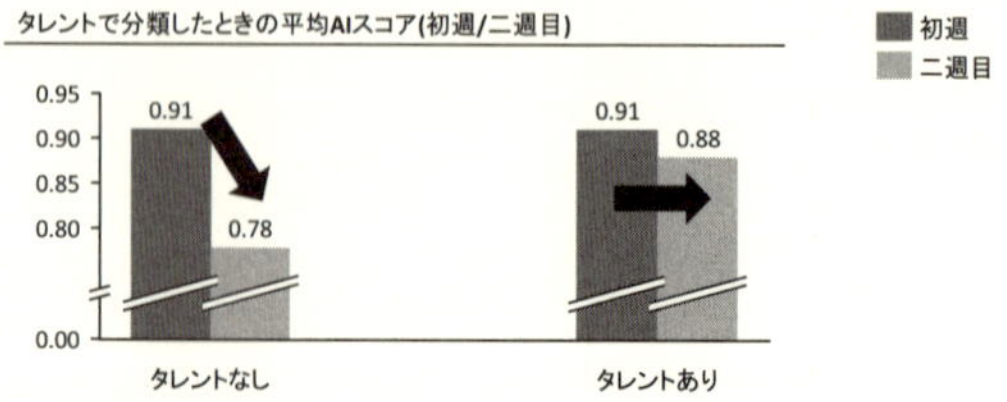

* TVI110世帯実験データ。6/8-9/6の13週間の間にオンエア初週を迎えたCM

も参考になる情報が多い。

（図2―⑨）はテレビCMにおけるタレントの有無によるAI値の違いである。わずかにタレントありのほうのAI値が高い。その差はあまりないが、（図2―⑩）のようにタレントありのほうが初週から二週目のAI値の持続性が高い。つまり、タレントがいるとあまり注視度が落ちない傾向にあるといえる。また、タレントでもAクラス（タレント好感度上位）では確実にAI値に差が出る。特に初速がつく（初週のAI値が高くなる傾向）ようだ。タレント起用はCMクリエイティブにプラスの効果を生んでいるのは確かなようだ。ただし、コストパフォーマンスについては個別に判断する必要があるだろう。

このようにティービジョンインサイツ社のテレビCM視聴質測定データは、CMクリエイティブや出稿方法を最適化する（科学する）材料としては今までなかったものである。このような分析データ活用の期待値は極めて高い。VI値はおもにメディアの取り方を改善し、プランニングの精度を上げるために、AI値はCMクリエイティブをノーム値化してデータに基づいたCMクリエイティブの改善に活用できるだろう。

テレビＣＭはブランドの文脈で、オンライン動画はユーザーの文脈でつくる

オンライン動画広告の市場は年々拡大しているが、まだまだテレビＣＭと同じ素材を使っている例が主流である。最近は「動画広告」というより「動画のブランデッドコンテンツ」をつくってシェアさせようという試みも多い。メディアコストがいらないことでは、当然の流れだが、ＣＭ素材制作でも、オンラインのための独自素材を制作する企業が増えてくるだろう。

もちろんインストリーム広告（※13）でのスキップ防止などを目的に改修されるＣＭから始まり、テレビとは違うオンラインでの視聴を前提にしたクリエイティブが量産されるだろう。テレビは非常にパッシブ（受動）な環境であり、オンラインは基本的にはアクティブ（能動）な接触だ。また、テレビの視聴者はどういうユーザーかがわからないが、オンラインではある程度わかる。どんなユーザーが広告配信面に来たかで配信する素材を最適化できる。であれば、オンライン動画広告はそのユーザーが興味を持っている文脈で

のブランド訴求にクリエイティブを最適化するという考え方ができる。

筆者が提起するのは、「テレビＣＭはブランドの文脈、オンライン動画はユーザーの文脈で」つくるべきだということだ。話を単純化すると「猫が大好き」で「可愛い猫の動画」をよく観ているユーザーにとって、「猫」は強く反応する文脈である。こういう要素分析を行い、ターゲットに強く刺さるクリエイティブを創出するのがオンライン動画の役割になるだろう。そして、テレビＣＭとオンライン動画の双方を視聴した時に（おそらくターゲットによって、視聴しているテレビＣＭは同じでもオンライン動画が異なる）、化学反応のようにブランドメッセージがより強くスパークすることを目標にするようになる。

シェアされやすく、かつブランドメッセージが伝わるクリエイティブとは？

今では、ブランディング効果につながる指標として「よりシェアされる」というデータの取得が可能である。「シェアされやすく、かつブランドメッセージが伝わるクリエイティブ」を制作する能力がオンライン動画クリエイティブの開発スキルとして標榜されるだろう。また、ユーザーが反応する因子分析により「クリエイティブに持ち込む要素」をデータから特定するようにもなるだろう。

そうするとデータドリブンな「クリエイティブ・ブリーフ」がつくられ、その上で良いアイデア、良いジャンプができるクリエイターが「良いクリエイター」として評価されるようになるだろう。本来そういうものだったはずだが、そもそも経験と勘で行うものであったテレビＣＭをはじめとする動画制作がデータによって「最適化」されるという考え方の変革が起きることになる。

オンライン動画をつくってから、テレビＣＭをつくれ

企業の宣伝部には、「オンラインでターゲットの存在と、彼らが反応するメッセージ文脈を実証してから、その集大成としてのテレビＣＭをつくる」ということにぜひチャレ

ンジしていただきたい。つまり、「コア・アイデア」を基に、いくつかのターゲットユーザー文脈でオンライン動画をつくることから始め、実際に広告配信によるユーザー反応を確かめてから、オンライン動画広告と相乗効果を創出する（科学反応を起こす）ようなテレビCMをプランニングして制作するというプロセスである。今までと逆である。

この方法のいいところは、テレビCMをより科学的に最適化するプロセスになるということだ。「コア・アイデア」の反応や受容性を確かめてから、最もコストがかかり、かつ最大の効果を上げる可能性のあるテレビCMをつくることができる。これはデータからクリエイティブ・ブリーフを作成して、アイデアを創出するより、さらに精度が高いと言える。

まずは、ターゲットユーザーに強く刺さる「文脈」によるメッセージ開発（動画開発）をいくつか行う。場合によっては、複数の「コア・アイデア」を試すということであってもいいだろう。オンラインで反応が良ければ、別にそのままテレビCM用にしても良いのだ。そして、ユーザー文脈でつくる複数のオンライン動画とブランドメッセージ（「What to say」）とが、最も整合性と相乗効果の期待できる「How to say」をテレビCM用として、最後につくり上げるのである。実際に制作された動画をベースにしたユーザーの視聴検証を経て行われるプロセスの成功率は、高いと思われる。映像や音声の中の細かいニュアンスに反応する要素がある場合（神は細部に宿る）が多く、実際に仕上げてみないと検証にならない。

今はまだ、テレビCM制作とオンライン動画制作のプロセスは、まったく別物になっている。動画広告より動画コンテンツを志向していて「オンライン用だから、テレビCMよりずいぶん安くできるんでしょう？」というのが、今の大半の広告主の考え方のようだ。しかし、これでは効果が分断されたままで、テレビとオンラインの連動による相乗効果をそもそも志向していない。もちろん「シェアされるものをつくる」という考え方は否定しないが、テレビCMをより効果的にするためにも、クリエイティブ開発も同次元で行うことをお薦めする。

また、従来クリエイティブを選ぶのは広告主であった。しかし、この「オンライン動画広告からつくる」というプロセスは、消費者のデータ分析によって得られた基準によって判断するということだ。つまり、「半分は消費者が選ぶ」という開発手法である。いわば、ターゲットの消費者も巻き込んでのテレビＣＭ制作プロセスだ。クリエイティブというものは、アイデアを「創る」より、アイデアを「選ぶ」ほうが１００倍難しい。選ぶ側の力量で、テレビＣＭのクリエイティブ力に差が出てしまう。それは選ぶ広告主の企業文化と同時に、選ぶ条件が整理されていないからでもある。テレビＣＭを科学するには「データで科学的に選ぶ」ということがなされるべきである。

なぜタケモトピアノのＣＭで赤ん坊は泣き止むのか

この話、一部では有名な話らしい。育児雑誌の『ひよこクラブ』（ベネッセコーポレーション）の特集で、赤ちゃんが好きな曲第1位が「タケモトピアノ」のＣＭの曲だった。とにかくこの曲を聴くと赤ちゃんは泣き止むのだそうだ。その理由としては、様々な説があるようだが、「音階が急に上下するメロディが赤ちゃんの興味を引くから」ということらしい。また、「財津一郎さんの歌う声が、赤ちゃんが心地良いと感じる４４０ヘルツの音域だから」とも言われている。

赤ちゃんの興味を引くということは、大人も無意識で心地よいと感じているということかもしれない。いずれにしても、人間の脳の反応は95％の無意識の影響と言われていることからすると、こういう「音を科学する」ことは視聴者の反応を得るために必要になりそうだ。

赤ちゃんが泣き止むのは、この曲が心地良いからという解釈だが、心地良いだけではなく、ひっかかりがなければ、この曲に反応すること自体が起きないと思える。その意味では、何らかの「刺さるサウンド」という定義が良いかもしれない。たとえば、ジャパネットたかたの高田社長の声や、ライザップのCM曲などは、音にエッジがあって、テレビ画面を見ていなくても画面に振り向かせる力がある。ライザップに関しては「心地良い」わけではないいか

「タケモトピアノ」テレビCM

もしれない。逆に、ある意味不快感を覚える人もいるだろう。これは不協和音から協和音に移行することで聴く者の反応をより大きくする効果を生んでいる。

「音の強弱がある」、「音階を大きく上下する」、「リズムに変化がある」などのひっかかりをつくる要素についての研究をしてみたほうがいいだろう。筆者は、１９８２年に新卒で広告代理店に入社したが、実はクリエイター志望だったので、クリエイティブ試験を受けた。その面接の際に、学生時代にシンセサイザーでつくった音を持ち込んで面接官に聴かせた憶えがある。ロックギターのリフにもエッジの立ったものとそうでないものがあること、あえてちょっと不快な旋律や不協和音から、普通の旋律や和音にスライドすると、相対的に心地良く聴こえることなどを力説して、「ＣＭにおけるサウンド効果を科学できないか」と提案した。

常に凝視しているわけではないテレビＣＭにおいて、音声の効果はＣＭを構成する要素の半分以上の重要さを持っているかもしれない。音がデフォルトで流れることがテレビＣＭのプッシュ力を支えている。前述したように、テレビも時間帯や曜日によってはビューアビリティが低い場合もある。画面を見ていないことも想定したＣＭづくりも考慮しないといけないだろう。

男性脳・女性脳

今回、取材させていただいたニールセンの事例でも広告クリエイティブへの反応は、年齢や民族などをはるかに超えて男女で差が出ることがわかっている。

筆者も前述したＣＭのＡＩ値を男女別に集計してみたが、これが実に面白いくらいに違いが出る。これだけ反応要素が違う男女それぞれの脳を考慮すると、そもそもＣＭクリエイティブは男女別につくったほうがいいのでは、とまで思える。逆に通常の男女差を意識せずに制作しているＣＭクリエイティブは、男性にも女性にも強く反応しない、どちらつかずのものになっている可能性がある。

テレビＣＭはある意味「最大公約数」的表現とはいうものの、誰に対してもしっかりした反応を得るものでないと意味がない。またオンライン動画では、オーディエンス・ターゲティングによって男女の特定は高い確率で可能である。これにより、女性向け配信、男性向け配信ができる。またテレビ視聴データからも、女性視聴者含有率が高い（または男性の含有率が高い）番組や時間帯が判定できるので、男女それぞれ向けのＣＭ素材を差し分けることも考えられる。いずれにしても、自社のＣＭに男女差が出る要素があるかどうかは調査しておいてもいいだろう。今後のＣＭクリエイティブ開発の重要なデータだと思う。

※13
インストリーム広告 … YouTubeなどの動画サイトで配信される広告。途中で視聴をやめられる「スキッパブル広告」と、すべてを強制的に視聴させる「ノンスキッパブル広告」がある。

現場レポート②

脳科学で消費者の本音を知る！ニューロマーケティング最前線

これまでのリサーチは人間の〝意識〟にのぼることを分析調査するものだった。現在では脳科学の発達により、消費者の脳の反応を計測することで消費者心理や購買行動を解明することができる。つまり〝無意識〟をマーケティングに活用できる時代なのだ。脳の反応を知ることで、本当に効果があるクリエイティブをつくることもできるし、その事前調査も可能だ。最先端の脳科学がマーケティングをどう変えるのか。

ニールセン コンシューマーニューロサイエンスのコンサルタントである古畑裕之氏、サイエンスディレクターである辻本悟史氏、大須理英子氏に話を伺った。

多くの企業が取り組み始めたニューロマーケティング

横山：私は広告業界でCM制作を含む、企業のブランディング活動に携わり、インターネット広告にも黎明期から関わってきました。そのような出自なので、テレビCMにもネットで流す動画広告にも精通しているという珍しい存在になっています。そのような知見を活かし、「テレビの点いている状態では実際にテレビの前にいるのか」「テレビの前にいる人は、画面に流れている宣伝の視聴をしているのか」という視聴世帯のビューアビリティ（実際に広告を見られた割合）を測定しています。ティービジョンインサイツという会社で、2015年6月から東京で実証実験を始めました。顔認識システムを駆使し、赤外線センサーやデプスセンサーをテレビにつけて測定するんですね。

「視聴〝質〟とはどういうデータをもって評価するのか」という命題に対して、今まで具体的な測定は実行されていませんでした。テレビCMを流しても見ていない可能性がある、見ていたとしても効果がないかもしれない、という不都合な真実を明らかにするデータになりかねない、かなり重要な問題だと思います。

この取材では、新しい指標である視聴質についての話、その指標によってクリエイティブとメディアプランニングは、どう最適化していけばいいのかという話を伺えればと思います。

古畑：我々の事業はニールセン ニューロという名称です。脳波測定とアイトラッキングを組み合わせた、ニューロマーケティング調査を世界中で行っています。スタッフは、脳科学者のほか、調査素材をつくる専門家や、あるいは脳波をとる専門家などを含めて常駐メンバーが8名。年間で約500素材以上の調査プロジェクトを実行しています。日本における主たる顧客としては、外資系飲料会社、外資系FMCG（日用品）メーカー、国内のFMCGメーカー、化粧品会社、自動車メーカー、医薬品メーカーなどが中心で多岐にわたります。ほか、お名前を出せるところだとツイッター社でも実績があります。科学に根差している根拠のあるデータを得られるということが私どもの自慢です。データとして提供するものは、科学者が常に科学的裏付けをしています。

辻本：具体的な調査方法ですが、簡単に言うと、脳波測定とアイトラッキングを組み合わせたものです。脳波を測定するためのタブが32個ついたキャップを被験者に被せて実験をします。この実験室は世界標準でつくられています。湿度、温度、音などの環境は世界で共通の数値に統一しています。グローバルでのアルゴリズム、プロトコルというのをしっかり担保できるようにしています。

横山：調査の結果は、どのような形のアウトプットになるのですか？

古畑：では、実例をお見せします。まず、指標が三つあります。一つ目が「注目」と言われるもので、対象物に対し目を留めさせる度合い。二つ目が「感情関与」、対象物に対し感情的

（図2-⑪）

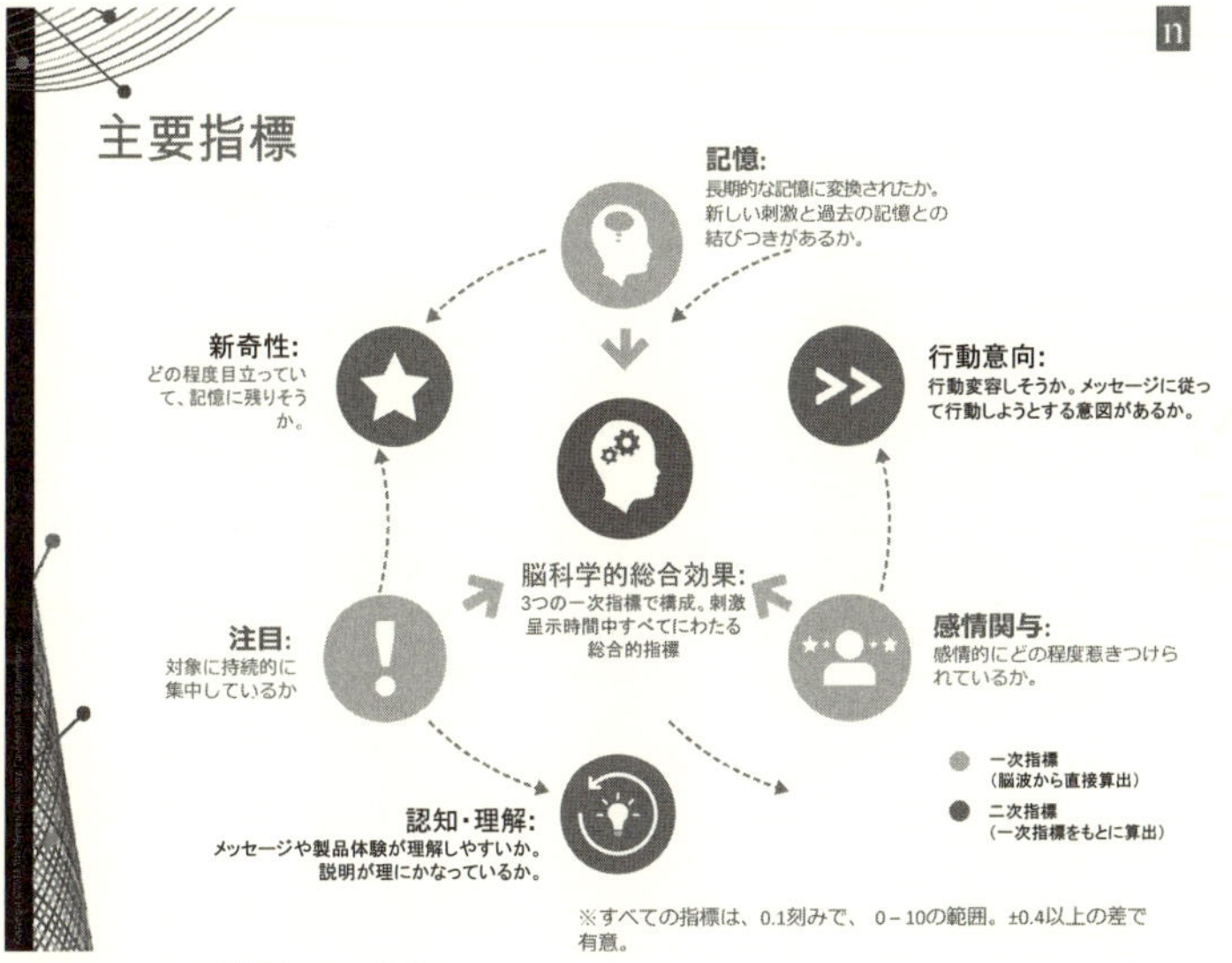

ニールセン ニューロ　脳波測定　三つの指標

に近づきたいと感じるか避けたいと感じるか（つまり魅力的に感じているか）の度合い。そして三つ目が「記憶」です。マーケティングにおいては長く記憶にとどまる、「長期記憶」に入ることが重要なので、長期記憶にアクセスしたかどうかを計測しています。これら三つの数値評価を統合し、脳科学的総合評価という数字を出して、指標にしています。10点満点で、0・1刻みの数値を指標として使います。（図2―⑪）

脳の反応において一番差が出るのが男女の違い

古畑：ここに総合効果を秒単位でグラフ化したものがあります。コマーシャル全体としては6・7という数字でした。過去のデータベースから算出すると、真ん中ぐらいのスコアです。全体のスコアだけでは細かい修正点などがわかりませんので、秒ごとに細かく見ていきます。

たとえば、ホンダの冒頭のコーポレートスローガン『The Power of Dreams』というナレーションの箇所。男性の場合、スコアがすごく落ちます。これは、私どもの経験と知見から「混乱」が原因の一つにあると考えられます。単に「注目」という時でも、「なんだろう?」と見ている場合と、「これはいいものだ」と思っている場合と二つある。この場合は、「なんだろう?」と混乱して見ているということ。ところが、女性の場合は「感情関与」も落ちていません。ここに男女の違いが見られます。脳の反応において女性は、モヤっとした複雑なものにも反応します。男性のスコアが4・4に対して女性は7・9というのは、恐らくそのような差異だと思われます。

男女差は、ニールセン ニューロにおいて、結果に非常に大きな差が出る要因の一つです。年代の違い、人種や国籍の差より大きいことが多いです。文化による差異ももちろんありますけれども。ほかに大きな差が出るものは、すでにその商品のユーザーか、ノンユーザーかということ。同じ広告を見ても、記憶に入っている情報がまったく違いますから。

「面白いけど伝わっていない」が実証できる

古畑：脳科学的に良い商品の見せ方の一つは、背景が白い場所に商品をドンと置くことです。情報を詰め込みたくて、ついつい商品の後ろ側に動きのあるものを入れてしまいがちなのですが、周辺視野に注意がいってしまうので、効果が半減します。また、消費者は話の文脈を意外と重要視しています。つくり手の都合で急に機能説明を入れるとスコアが下がります。広告において文脈やストーリーは重要ということですね。人の手だけが画面に入る場面もニューロの結果からみると良くないです。手に限らないのですが、画面に体のパーツだけが映ると、人は不安を感じます。

このような分析から、このコマーシャルでは、「スローガンの整理をしたほうが良い」、「説明部分はワンカットで行ったほうが良い」、「人の体の部分的な露出は避けたほうが良い」などの提案をしています。

もう一つの事例です。総合スコアは男女両方とも6・7。先ほどのホンダの事例とまったく同じスコアです。この事例では、スコアの中身を分析しています。高いスコアが出ているのは、登場人物が出てくるところ。キャンペーンとして確立されて、各タレントが認知されているのだと思われます。

しかし、検討を要する点もあります。ベネフィットをドラマ化したシーンでは注目が9・0で感情関与が2・4なのです。この数字から、視聴者が混乱していることが示唆されます。ストーリー上、重要なポイントなので、全体のストーリーが理解されていない可能性があります。さらに、最後のベネフィットを数値化したカット。ここは注目9・5で、感情関与が1・0。伝わっていないと考えたほうが良いレベルです。これにより、広告キャンペーンとしては面白いが伝えるべきベネフィットについてのメッセージが伝わっていない可能性があるという結論が導き出せます。

科学的データでクリエイターの意見を補強できる

横山：このような数多くの実証からNGルールやゴールデンルールが生まれたりしませんか？

古畑：実はそのような「ベストプラクティス」はあります。男女差が出る面白い事例だと、インストアのディスプレイです。二つともほぼ同じディスプレイですが、側面のパネルだけが違います。ディスプレイAの側面は、女性が一人でランニングをしています。一方、ディスプレイBでは、複数の女性が談笑しています。このディスプレイに対するスコアを見てみると、女性の対象者では、Aは5・1で、Bは7・1です。一方、男性の対象者では6・0、6・4とほぼ同じ。何が違うかというと、〝人間的な関わり〟があるかどうか。女性は本当に社会性の動物なのだと思います。ちょっと失礼な言い方ですが、日頃から実感しています。どこの国でもこのスコアは変わりません。
こういった基本的なベストプラクティスだけでなく、企業によっては社内でベストプラクティスをまとめていたりします。

横山：これをクリエイティブに活用するとしたら、企画コンテより演出コンテかもしれませんね。表現のディテールに神が宿っているにもかかわらず、広告主の好き嫌いで決まることが非常に多い。これをデータで決めるというのは、消費者に半分決めてもらうみたいなものですよね。こういう科学的データでCMをつくろうとするとクリエイターが反発することもあるのですが、むしろクリエイターのプロフェッショナル・リコメンドをデータ武装して説得力を増していることに等しいはずです。

CMの効果を上げるには音も重要

横山：CMの要素は様々あると思うのですが、音と映像のどちらに反応したのかを判別することはできるのでしょうか。

辻本：一番直接的な判別方法は、脳の中の聴覚野と視覚野から出てきている信号をそれぞれ分けて分析することです。ただ、もともと複合して出てきている信号を分けることに意味はないと思っています。どちらかといえば、スコアが下がっている時にどんな音が出て、どんな映像が出ているのかをチェックするほうが有効です。たとえば歌が流れていながら細かい機能の説明の文字が並んでいたとする。そういう時は往々にして、脳の処理能力を超え、スコアが下がる傾向にあります。

古畑：音の要素はＣＭの中でかなり重要なのです。画面は同じで、異なる音楽をかけたＣＭを分析したことがあるのですが、スコアに大きな差が出ました。この調査で、スコアを下げた大きな要因が三つほどわかりました。一つ目は、音楽がナレーションと効果音を邪魔していたこと。二つ目は、ドラムのリズムがベネフィット説明のパートに重なっていたこと。三つ目は、音楽が唐突に終わったことです。先ほど文脈が大事だと話しましたが、音楽も同じでしっかり終わらないとすごく気分が悪い。音楽が、ブチって切れた瞬間にそこからスコアがガクっと下がります。それが原因でＣＭ全体の印象が悪くなるのです。特に商品ベネフィットを言っている時、パッケージを映している時に良い印象を持たれていない状態は問題です。

横山：ほかにも、同時視聴している人数によってアテンションのスコアが変化することもわかっています。コ・ビューイングと呼んでいるのですが、一人で見ているより二人で見ているほうがアテンションは高く、二人より三人のほうがさらに高くなります。

クリエイティブをもとにメディアプランを考える

横山：今一番テレビを見ているのは高齢層だと思うんですが、６００ＧＲＰぐらいで、20回以上のフリークエンシーの人が20％ぐらい出てきます。ある実際の出稿を詳しく分析すると、同じようなサスペンスドラマに同じCMを流しているからだったのですが、そもそも平均フリークエンシーには正規分布しないわけです。広告代理店は、平均フリークエンシーを設定し、GRPを計算して提案を持ってきます。ただ、それは単なる平均で、有効かつ適正なフリークエンシーで当たる人は実は少ないという状況になるんですね。

そこを補正して的確なメディアプランができるようになる時代です。認知というのは適正なフリークエンシーがあって初めて効果的だと思います。視聴者全員がその適正フリークエンシーで見てくれればいいのですが、そんなことあり得ない。どれだけ適正なフリークエンシーに寄せていくかを考えなければいけないのです。

また、CMのクリエイティブとの相関も考慮しなければなりません。たとえば、一発屋と呼んでいるタイプのCMの場合です。最初のオンエアではスコアが高いけれど、二回目以降はガクッと落ちるタイプのCMがあったとする。こういったタイプのCMでは何千GRPも必要はなく、せいぜい300から400GRP程度。最初のインパクトでしっかりと印象づけたほうが効果的だと思います。こんな風にして、出稿量とか、出稿の仕方を工夫できますし、ターゲットとクリエイティブの相関性を考慮したメディアプランニングも実現することが可能なのです。

古畑：こういう科学的に分析したデータ結果を提示するのは、クライアントの調査部、ブランドマネージャー、クリエイティブに関わる宣伝部のような部署、もしくは代理店に直接というケースが多いです。ただ、この結果を直接、我々から制作者に伝えて欲しい、と希望されるクライアントも多いです。たいていが、クリエイターにとって耳の痛い結果ですから。分析結果の報告の場に招かれた時に、代理店やクリエイターの方にずっと睨まれている、ということもよくありました（笑）。

辻本：僕はあえて事情を知らないふりをして、「サイエンティストだから」というスタンスで報告したりします。ただ、話し合うとわかっていただけるケースも多いですよ。改善案を提示した箇所をしっかりと改善したところ、スコアも上がりました。代理店の人たちも、いろいろ気付きがあったようです。こういう経験は彼らにとってもノウハウになりますよね。今は、クリエイティブの方も含めて話をするケースのほうが多いです。最近では、制作途中の段階から分析をすることも増えてきています。そのほうが効率が良いですから。

商品の情報を長期記憶に残すには

辻本：商品情報が長期記憶に入り込むために効果的なクリエイティブというのもわかっていま

す。いろいろなやり方がありますが、何度も繰り返して伝えるというのが効果的だと思います。ただ、人間が同時に処理できる情報量にも限りがあるので、メッセージをいかに抽象化して脳の記憶に残っていくのかを考えなければなりません。たとえば、この商品は「おいしい」ということを伝えたい時に、タレントが「おいしい、おいしい、おいしい」と連呼するよりも、すごくおいしそうなものを、音やシズル、香りすら感じるような状況で見せたほうが「おいしい」というメッセージがより伝わるという脳科学的なデータもあります。五感を刺激して、雰囲気で伝えることというのはかなり重要で、おいしそうに笑顔で、そのおいしそうなものを食べている映像を見たら、「おいしい」という言葉を発せずとも、それはおいしいものである、として長期記憶に残ります。CMのクリエイターの方には、伝えたいことを言語だけで伝えようとしても、あまりうまくいかないという話をよくしています。

辻本：この長期記憶には、意味記憶やエピソード記憶というようにいくつか種類があります。意味記憶は、いわゆる知識みたいなもので、英単語を覚えている、歴史的事件の年号を覚えているという記憶です。こういったことを覚えるのは苦痛だし、すぐ忘れちゃいますよね。一方、エピソード記憶は意味記憶とは違い、「いつどこでなにを見たのか」というストーリーになっている記憶です。こちらのほうが記憶に残りやすいんですね。今でも覚えている年号って「いい国つくろう鎌倉幕府」のようにストーリーとセットで覚えていたりするものだと思います。だから言葉だけではなく、五感に訴えかけるようなメッセージにしたほうが良いのだと思います。

また、記憶において「覚えている」「忘れている」という言われ方をするのですが、正確には「思い出しやすい」「思い出しにくい」という状態なのです。長期記憶に入っているものを思い出す時、何かキューが必要なのですが、エピソードと共に記憶させておけばキューが豊富に存在するので、思い出しやすいっていうことですよね。

赤いものを見たらコカ・コーラ思い出すとか、コーヒーの香りでスターバックスを思い出すとか、それぐらい匂いや音、あるいは色などとブランドがうまく結びついていれば容易に商品を想起させることができます。

長期記憶がもたらすブランドCMのワナ

古畑：ただ、良いことばかりではありません。せっかくCMをオンエアしたのに他社の商品を想起させてしまうこともあります。たとえばコマーシャル全体でみると数値が6・3だったのに、商品が映っていてブランド名が出てないシーンが4・9だった時。このような場合は、ブランドが正しく伝わっていない場合が多いです。

辻本：イメージ戦略を重視している高級品ブランドが一番陥りやすいパターンです。たとえば高級車の三番手ぐらいのブランドなどが一番まずい。どれだけプレミアムなイメージのCMを流しても、脳ではメルセデスベンツを想起してしまったりする。化粧品なども同様ですね。口紅など製品の形状が同じで、広告イメージも黒い背景に赤いルージュのような表現が多い。そうすると、一番売れている商品を想起させてしまいます。

大須：CMでは、ブランド名が最後に出ることが多いと思いますが、ブランド名が不明な状態の時間が長すぎるのは問題です。こういったCMでは、おそらくアンケートを取ると、正確に商品名を答える人も多いと思います。しかし、無意識下で、頭の中に浮かんだ商品は、他社のもので、そちらのほうが長期記憶に刻み込まれるようなことになっています。

横山：そういうことはもう、頻繁に起きているわけですね。これはクライアントもびっくりするでしょう。即、見直さないといけないですね。

第3章

宣伝部が採用すべき新たな考え方

なぜ最もコストの高いテレビＣＭが、経験と勘の世界で許されてきたのか

従来、テレビＣＭの効果は「実感」するもので、測定するものではなかった。消費財メーカーであれば、流通のバイヤーに「〇〇〇ＧＲＰを投下する」と伝えることで棚が取れるので、そもそもＣＭを出稿しないという選択肢はない。それで確かに「モノ」は動く。ある意味「勝ちパターン」なので、それに代わる方策がない以上、疑問を差し挟んでも意味がない。しかし、それは人口が増え続け、日本国民全員がテレビを観ていた時代の考え方かもしれない。前述したように、特に若年層において、さすがのテレビも到達効率が良いとは言いにくくなってきた。

「ミサイルを何発打ったか」はわかっているが、「標的に何発当たったか」はわからない。これが今までの実態だった。番組提供はもちろんだが、テレビスポットもアクチュアル到達を保証（※14）するものではない。広告代理店はアクチュアルのターゲットＧＲＰをレポートしているが、このターゲットＧＲＰには落とし穴がある。

ターゲットが30代以下であれば年々人口が減っている。つまり、母数が減っている状態だ。それを割合で評価しても到達実態を掴めていないのだ。リーチしたターゲットの絶対数を把握する必要がある。しかも、ターゲット何人に、何回ずつ（何人は0回、何人は1回、何人は2回…）とリーチとフリークエンシー分布を把握することだ。そうでないと、商品の売り上げとテレビ広告投下の相関を評価できない。「ターゲット何人にどのくらいCMが当たったので、商品がどのくらい売れた」という絶対数と絶対数の相関である。

「経験と勘」ばかりでなく、データを用いるところの真理は「最適化という概念」を広告出稿管理に導入するということである。なぜデータを使うのかというと、昔は年1回のキャンペーンで良かったものが、マーケティング施策の頻度が高くなったことにも起因する。頻度が上がると、常に微修正をかけていかないと、ズレがだんだん大きくなって取り返しがつかなくなる。微修正はデータを把握して、常に行うこと以外にはできない。データを把握して、最もコストの高いテレビCMを「最適化」するのは、テレビCMが最も広告効果があるからだ。同じコストで広告のパフォーマンスを上げるにはテレビCMの「最適化」にチャンレジするのが一番だろう。そのためにも、今のスタンダードを否定するだけではダメだ。新しい評価方法を持ち込むなら、解決策（最適化策）も含めて新しい評価基準を会社に提案しないといけない。宣伝部はこうした変革を自ら行っていくべきである。

事業部から「お金」を預かって「広告効果」にして返すのが宣伝部である。同じコストでも効果の最大化を図ることがミッションであれば、宣伝部はある意味「ファンドマネージャー」と言える。ファンドマネージャーであれば、「運用」する。つまり目標パフォーマンスに向けて、広告運用を行うプロフェッショナル集団でなければならない。「運用する」ということは、リアルタイムな情報に基づき、絶えず見直しをかけて、効果がなければ「損切り」（停止）をし、よりパフォーマンスの良い投資に切り替えていくことだ。リアルタイムでＫＰＩ（※15）を捕捉しつつ、随時「打ち手」を最適化するのが新たな宣伝部のあり方と言える。データをもって広告効果を「最適化」する宣伝部に変革することが必要である。

宣伝部こそデータ武装を急げ

事業部制、ブランドマネージャー制が浸透した昨今、企業の宣伝部がマーケティング活動の主体性を持つのが難しくなっている。ブランドのターゲットプロフィール設定やコミュニケーションコンセプト開発については、ブランドマネージャーが権限を持つケースが多い。そんな中、宣伝部は広告制作とメディア発注窓口としてのスタッフ機能に限定されつつある。ＩＭＣ（インテグレーテッド・マーケティング・コミュニケーション）という考え方は当然あるべき姿であり、その推進主体をブランドマネージャーが担うのも自然だ。売上利益責任が事業部にある以上、統合的にマーケティング・コミュニケーションを企画実施する責任をブランドマネージャーが負うべきだろう。

しかし、時代はすでに「商品視点のマーケティング」ではなく、「ユーザー視点のマーケティング」にシフトしている。そもそも、人口減少社会の日本では、「ＬＴＶ（※16）を上げる」、「クロスセル（※17）を促進する」などの課題が増えている。このような課題の解決には、個別ブランドごとの売り上げを最大化するマーケティングだけでは、立ち行かない。その意味で、個別ブランド単位でマーケティングするだけでは、企業全体のマーケティングの最適化は叶わないということである。

企業がＤＭＰ（※18）を導入するのは、まさにこの「ユーザーベースのマーケティング」をするためで、これを推進するには事業部（ブランド）横断型の部門がその役割を担う必要がある。しかも運用には営業とマーケティングのセンスが必須である。つまり宣伝部が主体性をもって、情報システム・広報・カスタマーセンター・Ｗｅｂ担当部署を取りまとめることが一つの有力な選択肢となる。さらに、ＤＭＰの本筋は潜在層から新たなターゲットセグメントを発見することであり、ＣＲＭの範囲に留まっていては意味がない。これこそ宣伝部がＤＭＰを活用する最大の理由である。

まだ、興味関心が顕在化していない人たちに、ブランドに対する認知を獲得し、購買意向を醸成するのが宣伝部の役目である。そのために、ＤＭＰで潜在層に新たなターゲットセグメントを見つけ、そこに最適なコミュニケーションを行えるようになることこそ、マスマーケティングを展開する企業がデジタル化することによって得られる最大の果実だ。ブランド横断で、ユーザーベースのマーケティングを行う。そして従来のマスメディアによる広告コミュニケーションだけでなく、また、従来のマス展開をより最適化するために、デジタルデータで武装することが今こそ宣伝部に求められている。これは広告コミュニケーション、つまりクリエイティブ開発やコンテンツ開発に企業内で最も長けた集団が行うべきだからである。

宣伝部が「データ武装する」ために、始められることは、三つほどある。

①インタラクティブ広告を「ユーザー反応を得る大いなる調査」と認識し、「反応した人をターゲット」としてデータ武装する

デジタル広告は基本、ユーザー反応を分析できるインタラクティブ広告である。宣伝部はこれを、ソナーを海中に投下して魚群を探すように広告効果を追いかける。それと同時に、ターゲットの探索に使い、ターゲットに関するデータ収集を行う。ブランドマネージャーがターゲットプロフィールを設定し、対応するメッセージ開発を行っているだろうが、それが適切か、(そもそもそうしたターゲットは存在するのか、そのメッセージにター

ゲットは反応しているのか）をデータから分析すべきである。また、そのためにもブランドキャンペーン単位（送り手のタイミング）ではなく、ブランド横断の恒常広告（受け手のタイミング）での運用を担う。

②「ＣＭを科学する」ための知見とデータを集める

本書で解説しているような、従来把握しきれていなかったＣＭの到達状況や、視聴質データなどでクリエイティブが視聴者にどこまで受け入れられたかを把握する。ＣＭのクリエイティブ力を数値化して、ノーム値として管理していく。こうした数値を広告投資のＲＯＩ分析に活用し、ベストなアロケーションモデルを構築する。

③マーケティングダッシュボードを構築し、リアルタイム運用を行う

ＰＯＥ（ペイドメディア・オウンドメディア・アーンドメディア）のリアルタイムデータを把握し、売り上げなど目的変数に相関するマーケティング施策やその相乗効果を分析把握する。

テレビＣＭの効果としての購買データ

テレビＣＭの効果は広告認知・ブランド認知・態度変容（購買意向）などをパネル調査で測定するものであった。しかし、これからはテレビ視聴と購買行動データが直接紐付くことになる。近い将来、全数系テレビ視聴データと全数系購買データが紐付くことになると思われる。テレビ視聴データは前述したようにビデオリサーチ社をはじめとするパネル調査によるものだけではない。テレビ端末の結線率が上がることでネット回線を使った視聴ログデータ収集は様々な事業者によってトライされている。いわゆる全数系のテレビ視聴データである。これに全数系の購買データが、紐付くことが想定される。

つまり、テレビ視聴と、その効果としての購買行動が測定されるということである。従来、メディア接触と購買データをシングルソースで見ることはできるにはできたが、やはり数千、数万のパネル数だと、確認したいブランドの購買データが出現しなかったり、特定の広告のテレビ視聴者が少なすぎて分析できないこともあった。しかし、ビッグデータ時代、マーケティングデータは、ＥＣやポイントカードデータという全数系購買データと紐付くべくテレビ視聴データも同様に全数系となるだろう。

そもそも今のテレビはデジタル放送である。これにネット回線への結線率が上がることで、（すでに１０００万台は超えておりクリティカルマスに届いている）パソコンやスマホ、タブレットと同じデジタルデバイスになる。デジタル放送であることの意味は、結線することでより大きくなるだろう。

デジタル時代に浮き彫りになるテレビＣＭの二つの欠点

データドリブンにマーケティング施策を企画実施するには、企画実施の経験がある人でないといわゆる「シナリオ設計」のイメージができないだろう。いくら統計や数学に強いデータ分析のプロでも、その知見だけではダメなのだ。

では、マーケティングコミュニケーションに携わってきた従来の広告代理店のスキルがあればいいのかというと、そう簡単にはいかないのが実態だ。がっぷりとデータに向き合うことができるかどうかは当然のことだが（これがなかなかできない）、まずもって、広告代理店では文化的に「一つの文脈に収斂させること」をやってきた。つまり、コミュニケーション開発においては「できるだけ多くの人が、少しでも反応するように」つくるのが習性となっている。しかし、これからは「このセグメントの人たちが強く反応する文脈はコレ」というように複数のターゲットと、それぞれの「琴線にふれる文脈」を設計することが必要になる。そして、この「できるだけ多くの人が少しでも反応するように」つくることがテレビCMの欠点になってきた。「みんなに刺さる」は「誰にも強く刺さらない」ことであり、「みんなに刺さる」ようにつくると、みんなが自分事化しないようになってしまった。

さらに、テレビCMのもう一つの欠点。むしろこちらのほうが重要かもしれないが、CMで特定のターゲットに刺さるようにつくると、そうでない既存の顧客ないし見込み客が離反してしまうということだ。

とかく、テレビＣＭを使う商品というのは、マススケール、つまり「大きな売り上げの商品」であり、「多くの消費者を獲得しなければいけない商品」なのである。そのためにはいくつか複数の層をターゲットにしなければならない。その中の一つのターゲット層、または新たなターゲット層に刺さるようにＣＭをつくると、そうでない層の人が「これは自分向けのブランドではなくなった」とブランドから離反してしまうリスクがあるということである。たとえば、ＣＭタレントを替えると「このタレントがこのブランドのユーザーということなら、私は買わない」と思わせるコミュニケーションを図らずもしてしまうということだ。「みんなに刺さる」は「誰にも強く刺さらない」、しかし「ある層に強く刺さる」をつくると、顧客でいて欲しい別の層の人に「私は違うな」と思わせるリスクが出てきてしまうのだ。

これが現代におけるテレビＣＭの欠点であるが、そこにオンライン動画の出番がある。

的確にターゲティングできるということは、「当てたい広告を当てたい人に当てる」ということだけでなく、「当てたくない人には当てない」ことでもある。しかしながら、せっかくのターゲティング機能を今のネット広告はうまく使いきれていないのが現状だ。かなりの「当てないほうがいい広告」が配信されてしまっている。ここがネット領域だけを最適化しているＥＣマーケターを中心にした「ネットマーケティング」の限界である。オンライン環境ゆえに購買行動を捕捉できてしまい、行動指標ばかりに気を取られ、消費者心理（意識）にまったく踏み込めていないのだ。

一方、テレビではできないことを、しっかりとオンラインが担う。そこがマスとリアルも最適化する「デジタルマーケティング」の発想である。テレビとオンライン、この組み合わせは単に配分の話ではなく、それぞれの役割と連携を構造化する必要がある。強いプッシュ力とリーチ力はテレビにしかない。しかし、「認知」だけでなく、「自分事化」、そして「購入意向」などの態度変容までを促す力すべてをテレビＣＭに期待するのは難しい。パーチェスファネル（※19）の上部で「認知」を担うテレビＣＭと、次のレイヤーで「自分事化」を担うオンライン施策という連携が、特にリアルな販売チャネルで商品を売るブランド型／マスマーケティング型の広告主が考えなければならない重要なポイントである。

テレビスポットＣＭの二つの課題

「番組」提供枠は自在に買ったり降りたりができない一方、テレビスポットは、バイイングの機動力を評価されて、ここ20年くらいその比率を増やしてきた。番組の視聴率がどのくらい取れるか未知数なのに比べると、アクチュアル保証はされないまでも従量制買い付けができる点も、広告主からするとメリットが大きい。ブランドマネージャー制度の浸透で、ブランドごとにキャンペーン単位での発注形式が増えたこともスポットへのシフトを起こしたと言える。

しかしながら、テレビスポットには大きく二つの課題がある。

まず一つ目は、人口動態以上に視聴者の高齢化が進み、中高年に比べると若年層の到達率が相対的に非常に落ちている点だ。少し古いデータだが、１９９８年から２０１０年の12年間にＭ１層（20〜34歳男性）の個人視聴率は、１９９８年を１００とすると、

２０１０年には70・４まで落ちているが、この間この年代の人口は80・７ポイントにまで減っているので、Ｍ１層の到達数（絶対数）は、１９９８年を１００とすると２０１０年には56・８まで落ちている。

広告商材が健康サプリのコンドロイチンならまったく問題ないが、ティーンから20代向けの商品は、場合によってはデジタルデバイスでの広告で補完が必要である。テレビスポットでターゲットの若年層に当たるようにスポットを作案しても、ターゲットを13〜29歳の男女どちらにしても、ＧＲＰをどれだけ打っても、比率としてはＣＭの20回に１回しかターゲットに当たらない。ターゲットが若い層のブランドにとっては大問題だろう。

もう一つの課題は、その逆で視聴時間の長い高齢層にはフリークエンシー（広告接触頻度）が多すぎてしまうことだ。たいしたＧＲＰではないのに、カスタマーセンターに「おたくのＣＭは何回やるの？ＣＭが多すぎる！」とお叱りの電話があったという話も聞く。実際の例でも、フリークエンシー20回以上の視聴者が20％以上にもなっているので、調べてみると、高齢層が好きな「２時間サスペンスもの」に何本か流したことが影響していることがわかった。このように、テレビスポットは、フリークエンシー過少とフリークエンシー過多に二極化してしまうのが問題と言える。有効かつ適正なフリークエンシーですべての人が見てくれれば最高なのだが、どうもまったく逆の状態になっているようだ。

通常、広告代理店からは、「○○GRP打ちましょう。これでリーチは○○%で、平均フリークエンシーは○回になります」と説明されるだろう。しかし、この平均フリークエンシーで視聴者にまんべんなく到達するわけではない。それどころか、まったく逆で一部の視聴者に偏った構成になっている。（図3－①）

このことに気付いている広告主はどれだけいるだろうか。ターゲットのCM接触回数を有効かつ適正フリークエンシーにできるだけ集めることが、広告認知効率を上げる手段だ。フリークエンシー過多の場合は、あまりに同じ視聴者に当たらないように作案、改案で補正を掛ける必要がある。また、特に若年層ターゲットの場合、通常のスポットプランだと、投下GRPの途中でターゲットリーチが頭打ちになってしまう。以前、そうならないようにベストプラクティスプランをつくってみたが、「おいしいとこ取り」で、とてもテレビ局が認めるプランではなかった。やはり、若年層のリーチはデジタル補完が不可欠なのだろう。テレビCM到達のフリークエンシー分布をしっかり把握して、効率的な

CMの注目度の変化　（図3-①）

テレビスポットによるフリークエンシー分布

たとえば平均フリークエンシー 6回として

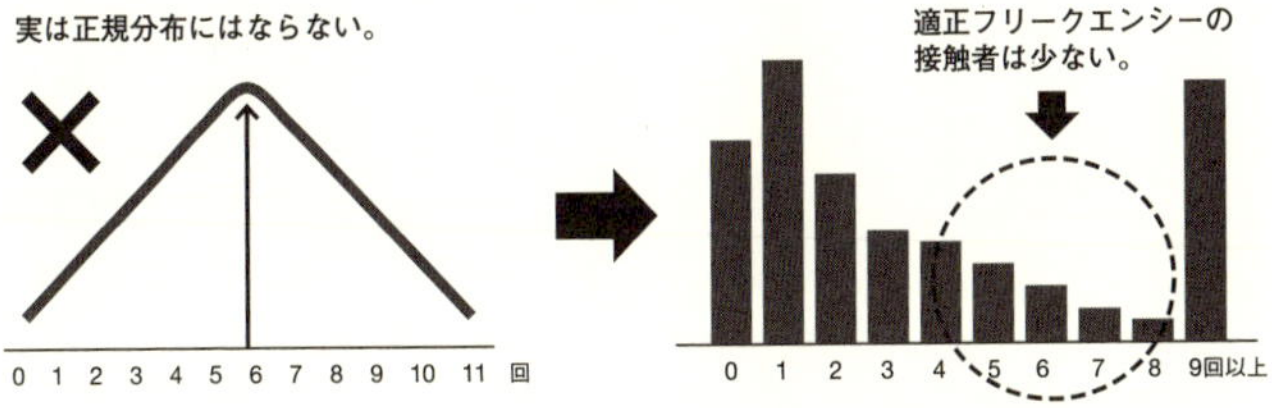
実は正規分布にはならない。
0 1 2 3 4 5 6 7 8 9 10 11 回
適正フリークエンシーの
接触者は少ない。
0 1 2 3 4 5 6 7 8 9回以上

データで明確になるテレビCMの到達実態　（図3-②）

応用例:出稿ボリュームの検討(化粧品)

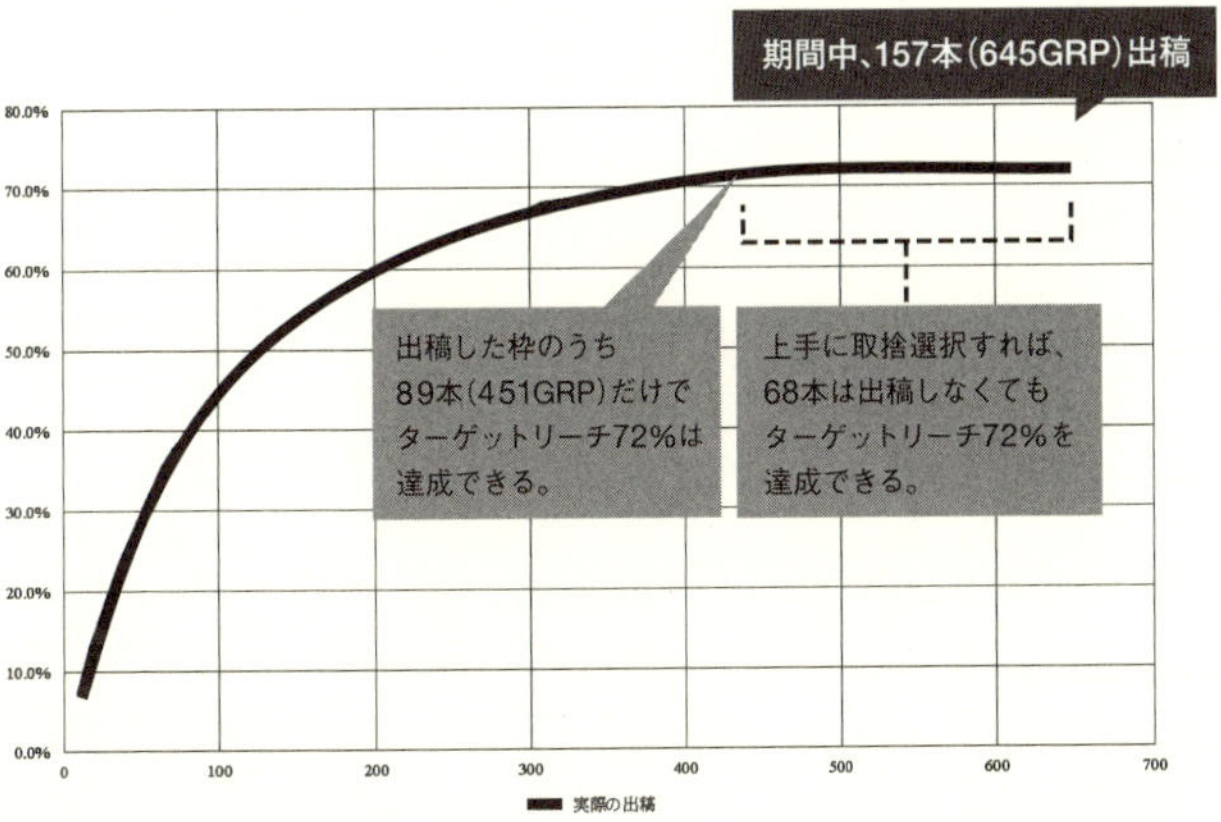
期間中、157本(645GRP)出稿
80.0%
70.0%
60.0%
50.0%
40.0%
30.0%
20.0%
10.0%
0.0%
0 100 200 300 400 500 600 700
出稿した枠のうち
89本(451GRP)だけで
ターゲットリーチ72%は
達成できる。
上手に取捨選択すれば、
68本は出稿しなくても
ターゲットリーチ72%を
達成できる。
実際の出稿

のかどうかをしっかり評価する必要がある。（図3－②）

「テレビＣＭとオンライン動画の組み合わせ」三つの考え方

テレビＣＭが特に若年層に到達しづらくなっているため、デジタル広告で補完すべきであることは前述したとおりである。まず一つは、シンプルにターゲットリーチを補完しようということだ。しかし、テレビＣＭとオンライン動画を組み合わせる考え方はリーチの補完だけではない。

二つ目に、ターゲットにおける有効フリークエンシーを補完することで認知効率を上げる、つまりは認知を補完するという考え方だ。テレビスポットの場合、どうしてもＣＭ接触者はフリークエンシー過少とフリークエンシー過多に二極化する。これをできるだけ有効かつ適正なフリークエンシーに寄せるためにオンライン動画を組み合わせようという発想だ。この場合、有効かつ適正なフリークエンシーの視聴者を増やすためにオンライン広告を使うことになるが、一方でフリークエンシー過多の視聴者を少なくするためのスポット案を補正する必要もある。テレビCMとオンライン動画を合わせて、一定のコスト内でできるだけ「有効かつ適正なフリークエンシーで接触するターゲットを増やす」ことで広告認知の効率は上がるはずで、この組み合わせは「認知の補完」のためである。

三つ目は、リーチ補完、認知補完ときて、より複雑になるが、態度変容を促す、つまり購買意向を促進するためのもので、これは補完ではなく相乗効果を生むという考え方になる。海外の調査でも、単に広告認知を促進するためなら、テレビCMとオンライン動画で同じ素材を使ったほうが、スコアが高くなる。しかし、特定のブランドメッセージ認知や購買意向を上げるためにはオンライン動画はテレビCMと別の素材を開発したほうがいいという結果が出ている。

これは、テレビCMの役割とオンライン動画広告の役割をそれぞれにしっかり持たせて、両方を視聴することである種の化学反応を起こすような相乗効果の醸成を狙うという発想だ。前述したが、そもそもテレビCMは「できるだけ多くの人が少しでも反応するように」つくる。本当に特定のターゲットだけならその人たちだけに強く刺さる文脈でつくれるが、それならそもそもテレビを使う意味はない。テレビCMではあまりに特化したコミュニケーションだとターゲットの中にそのメッセージが「そぐわない」層がいるため離反する可能性がある。一方オンライン動画は、そういうターゲットには広告を配信しないという技術がある。オンラインでは特定のターゲットに強く刺さる文脈でコミュニケーションが可能だ。テレビでのブランドメッセージに加えて、よりターゲットが自分事化できるようにするのがオンライン動画の役割となる。（図3－③）（図3－④）（図3－⑤）

テレビCM流用とオンライン用オリジナル素材の効果をファネル階層別に比較　（図3-③）

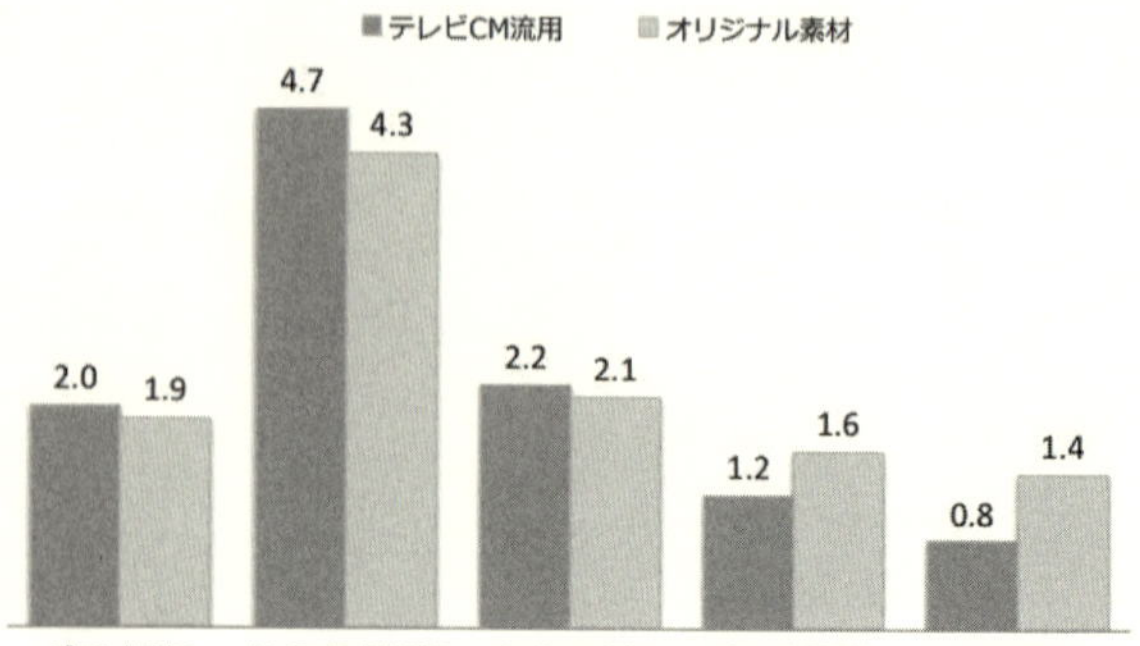

調査：ダイナミックロジック／チューブモーグル

テレビCM流用とオンライン用オリジナル素材の効果をターゲティング有無で比較　（図3-④）

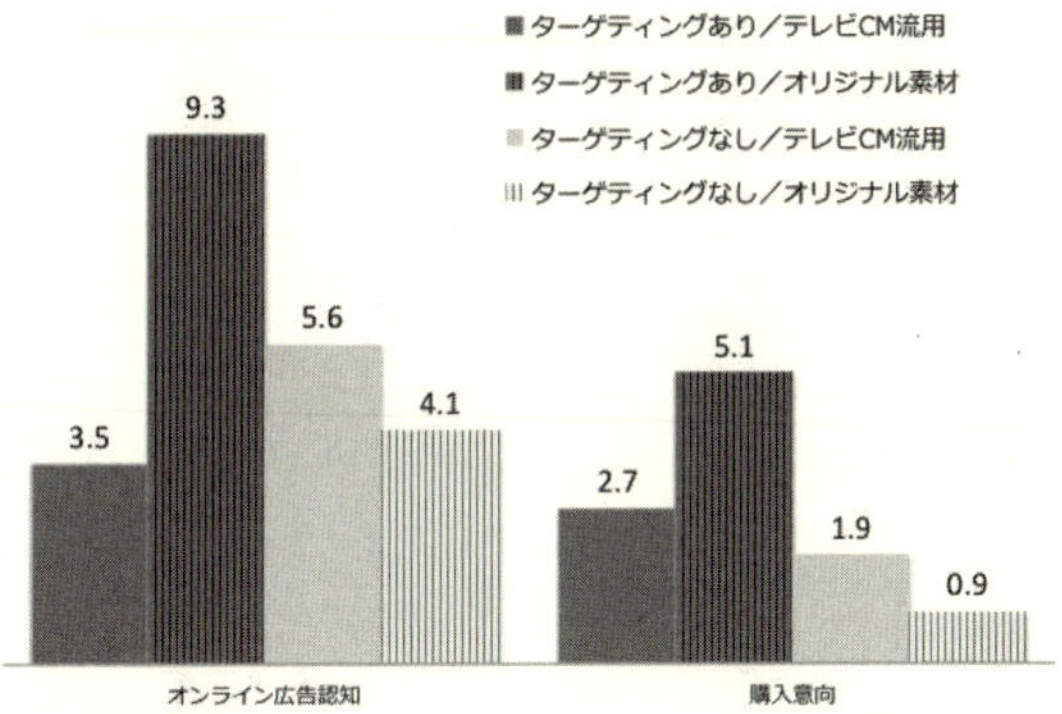

調査：ダイナミックロジック／チューブモーグル

テレビCM流用とオンライン用オリジナル素材の視聴度合いを業種別に比較　（図3-⑤）

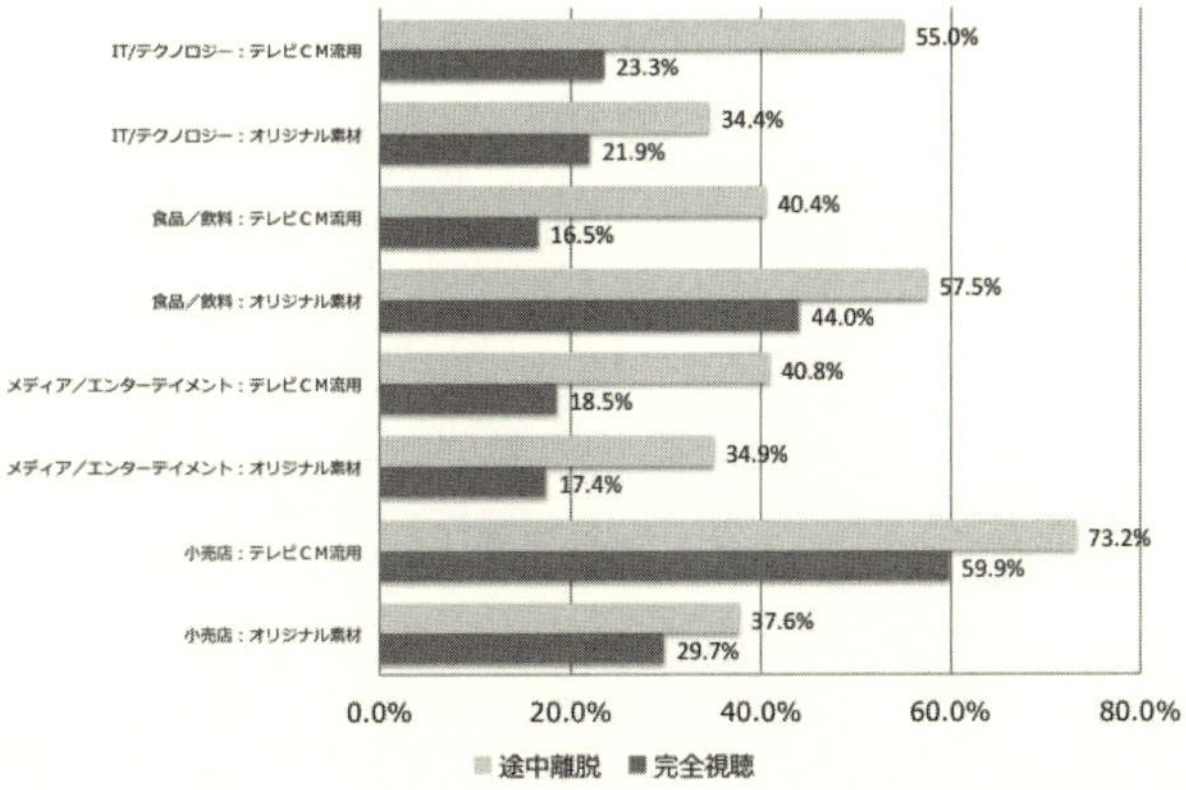

調査：ダイナミックロジック／チューブモーグル

テレビCMとオンライン動画広告をインプレッション数でシームレスに管理する

米国では日本よりはるかにテレビの到達力が低下してしまった。これで一番困っているのは広告主である。放送によるCMだけではマーケティング目標を獲得できなくなってしまい、オンライン動画広告も含めてターゲット・インプレッションを買い漁らないといけない状況になった。

CBSではテレビCMのアクチュアル保証メニューもあるが、この場合、もし目標のGRPを達成しなかった場合、補填することになる。しかし、この補填に関しては、放送によるものかオンライン動画によるものかは「お任せ」という取引システムが存在する。それだけ、放送だけでは到達が難しくなっており、広告主もオンライン動画広告にテレビCMと同等クラスの評価を与え、同じ表示回数(インプレッション数)で到達を管理するまでになっている。

米国ではすでにエリアを跨いで合算できない視聴率での評価はあまりしなくなっている。毎年高額なＣＭ料金が話題になる「スーパーボウル」も、ここ10年くらいは視聴率○○％ではなく、「全米で○億○○○万人が視聴した」という言い方に変わっている。パネル調査によってテレビ視聴率データから、到達人数、表示回数という絶対値で把握する意味は、オンライン動画とシームレスに管理するためだけでなく、母数が違うエリア合算や、人口が変動している若年層の到達を正確に把握するためでもある。

しかし、この指標管理には一つ最大の問題がある。はたして、テレビＣＭの１インプレッションとオンライン動画広告の１インプレッションを同等に評価していいかどうかということである。テレビＣＭのほうは、フォーマットが確立しており、違いと言えば、15秒か30秒ということだ。一方オンライン動画には広告フォーマットが複数ある。YouTubeのようなインストリームのプリロール広告（※20）やディスプレイ広告内で再生させる手法もある。

どういう条件下なら、オンライン動画広告をテレビＣＭと同等だと評価できるか認知効果などをテストする必要がある。実際、米国のＩＡＢ（インタラクティブ広告協会）

では、動画広告の1インプレッションを評価する基準を決めている。「広告スペースの50％以上が1秒以上表示されている状態」などをもってカウントしようというものだ。ただ、テレビの場合とPCやスマホの場合では、映像への接触状況が異なる。第一章で言及したように、テレビが点いているだけで観ていない状況もある。「テレビの前にいない」「いても注視していない」などだ。PCやスマホはユーザーが注視していない状況は想定しづらい。

デジタルデバイスのビューアビリティは、「ユーザーは見ているが広告スペースが画面上に表示されているか」だが、テレビのビューアビリティは「画面に映っているがユーザーが見ているかどうか」になる。テレビCMとオンライン動画広告のインプレッションを同一指標として評価できるかどうかは、テレビCMのビューアビリティとアテンション、デジタルデバイスでのビューアビリティを総合的に判断する必要があるだろう。

ただし、テレビというメディアは基本的に音声がデフォルトでオンになっているという強みがある。アテンションを促す最大の要因はサウンドであり、サウンドの効果がテレビのプッシュ力を支えているのは前述のとおりだ。デジタルデバイスでは、音声はデフォルトでオンにならないケースも多い。パッシブな状態でもプッシュしてくるテレビの力は相当なものだ。そういう意味では、インプレッションによる同一指標化を可能にするために、到達実態を視聴質データやデジタル側のフォーマット別の認知・識別調査などからパラメータを導き出すという手もあるだろう。そのうえで、広告主としてオンライン動画広告を1インプレッションとカウントする基準を定めるべきだろう。

今後は日本でも米国のようにテレビCMの到達力がどんどん落ちていくならば、オンライン動画による訴求をテレビCMと合算していかなければならないだろう。テレビとデジタルデバイスをトータルで買い付けてマーケティング目標を達成するという準備は必要となってくる。

「予算がプランを決めてしまう」状況からの脱却を

広告キャンペーンを実施するには、まず予算化しなければならない。予算を通す稟議書にはキャンペーンの概要が書かれているはずだ。しかし大概そこに書かれるプランは従来行われてきたものをベースにしているであろう。実際のプランは予算化してから広告代理店に提案させるのだから、そこは仕方ない。

ただ、代理店にオリエンする時に、「予算を通すための稟議書」に添付されていたキャンペーン概要が使われているケースがある。代理店は、とにかく「予算がいくらなのか」が気になる。予算がプランを決めてしまうからだ。やはりテレビＣＭを使えるかどうかが最大の分かれ目であり、できるだけテレビＣＭを使わせたい。代理店の仕事としても効率的だからだ。

広告代理店では、まずオリエンに伴って、コンペに勝つためにＣＭクリエイティブプランに力を集中させる。なにしろクライアントは、クリエイティブ案で代理店を選定するからである。メディアプランが少々見当違いでも、そんなものはあとからどうにでも修正できる。とにかくＣＭでどんな表現でいくかが決め手となる。それはある意味、当然だが、そこにばかり気が行って、そもそものターゲット設定やキャンペーンで達成すべきＫＰＩの目標値、メディア戦略とその具体的な方策は二の次になりがちだ。つまりテレビＣＭを使うことを前提にすると、キャンペーンプランはＣＭクリエイティブのアイデアに決定要件を大きく持っていかれる。よって、いつまでも従来型のキャンペーン構造から脱却できないことになる。

昔と違って様々なデータを取得できる環境になった。そろそろ「テレビが使えるかどうかの予算化」や「CMアイデアですべてが決まる」のではなく、しっかりKPIを定め、データで現状を把握し、競合に対して相対的なポジションを確認し、キャンペーンを通じて達成すべきKPIの目標値を設定してから、プランニングに入るようにしたい。テレビCM投下も、予算がいくらテレビに投じられるから○○○GRPではなくて、目標KPIを達成するにはターゲット何人に何インプレッション投下するのが適切なのかを明確に設定する必要がある。

テレビCM到達の実態を知ろう

そのためには、そもそも今までテレビスポット投下でターゲットリーチが何人あって、ターゲットインプレッションがどのくらいあったのかを知る必要がある。(図3－⑥)(図3－⑦)は、関東地区でティーンから20代までの男性をターゲットに630GRPのテレビスポットが投じられたアクチュアルデータである。

このスポットキャンペーンによって関東地区で個人全体の63・9％にリーチした。到達人数は2648万3532人である。人口にテレビ普及率を掛けた母数に視聴率で割り戻したデータである。630GRPで約2600万人にリーチする。CMの総表示回数は1億3241万7661回である。やはりテレビの到達力は絶大である。平均フリークエンシーは5回だ。パーコストが10万円として、CPMは476円、リーチ単価は2・37円になる。

しかしターゲットであるティーン男性は、この層の47・3％である65万0155人にしか当たらない。ターゲットインプレッション数は195万0465回である。また20代男性には51・1％の126万5087人には531万3367回のインプレッションと全体と比べるとかなり到達効率が悪い。(図3－⑥)のように、このターゲット(13～29歳男性)にリーチしているのは全体の7・1％に過ぎず、表示回数(インプレッション数)では5・

データで明確になるテレビCMの到達実態　（図3-⑥）

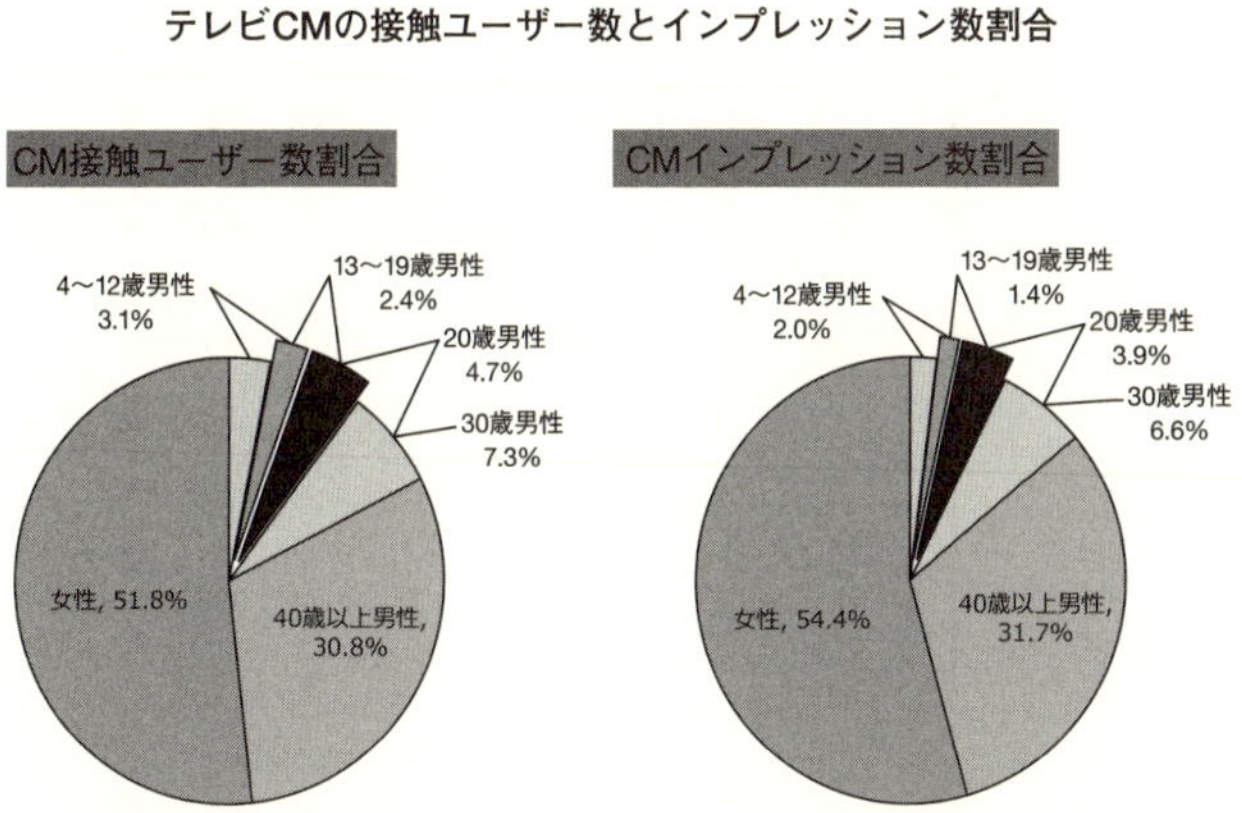

テレビ視聴データソース：スイッチ・メディア・ラボ　分析：デジタルインテリジェンス

データで明確になるテレビCMの到達実態　（図3-⑦）

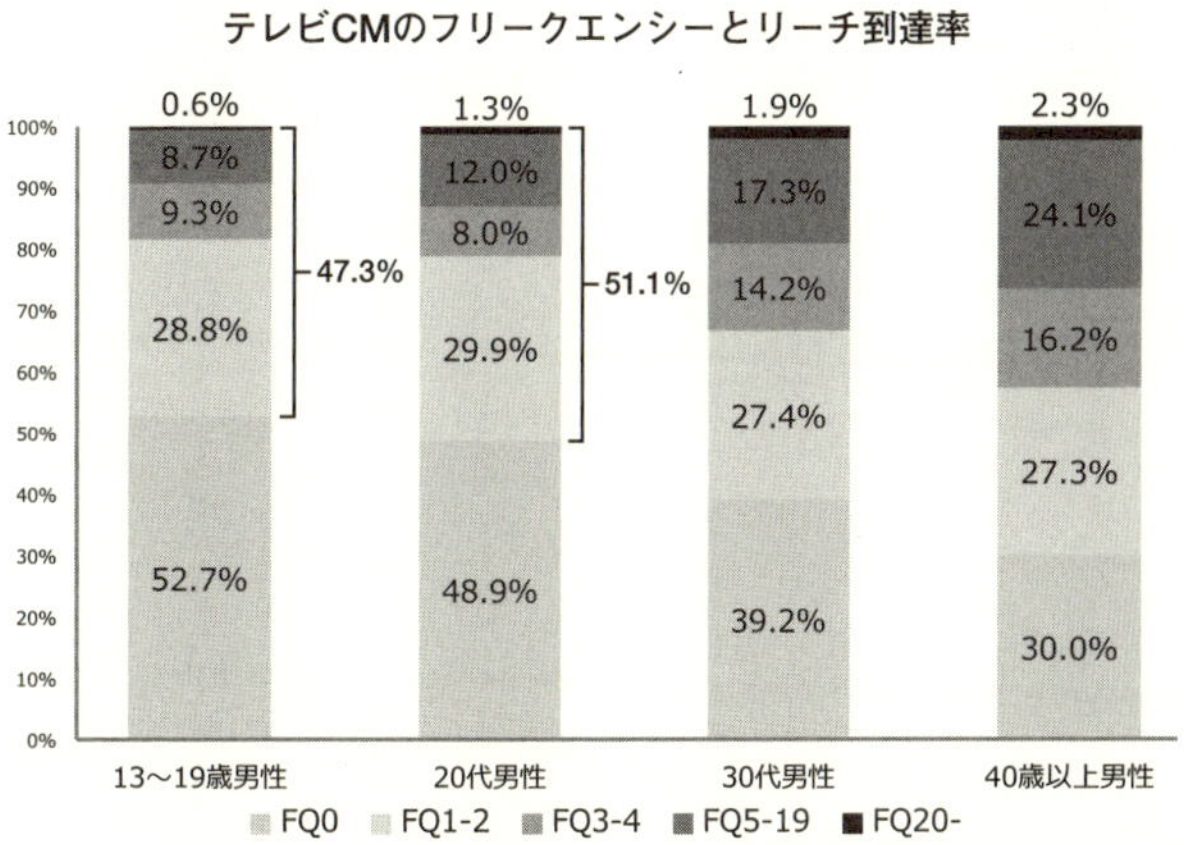

テレビ視聴データソース：スイッチ・メディア・ラボ　分析：デジタルインテリジェンス

3％だ。つまりこのテレビCMの20回に1回しかターゲットに当たっていないことになる。

さらに、ターゲット別のフリークエンシー分布（図3－⑦）を見ると、ティーン男性の52・7％はFQ0つまりリーチしておらず、1回～2回が28・8％、3回～4回が9・3％で、有効フリークエンシーを5回以上とすると、男性ティーンのうちの9・3％しか有効フリークエンシーに到達していない。この層への到達をもっと引き上げるために投下GRPを増やす選択もあるが、やはり20回に19回はターゲット以外に当たることになり、効率が良いとは言い難い。

クリエイティブ・ブリーフのつくり方

視聴質データを収集した上で「データドリブンなクリエイティブ・ブリーフ」を書くためには、まずは今できる「クリエイティブ・ブリーフ」をしっかり書くことが先決だ。（図3－⑧）は筆者が通常マーケティングコンサルで使う「クリエイティブ・ブリーフ」

である。最低でもこの八つを明確に記述できないなら、そもそも多額なコストをかけてCMをつくる資格はない。またこうした条件をクリアしてアイデアを創出できなければクリエイターの存在価値はない。

ただ、このクリエイティブ・ブリーフは、ブランディング・ブリーフ（ブランドの約束ごと）、プロモーション（プランニング）・ブリーフ（キャンペーンプランの約束ごと）の下位に位置づけられるので、八つの項目はここに何でも書き込めるという訳ではない。ブランドのルール、プロモーションのルールを守った上での「クリエイティブ・ブリーフ」でなければならない。

クリエイティブ・ブリーフ　　（図3-⑧）

・この企画で何を目指しているのか?
（課題・目的確認）

・誰に向かってメッセージを送るのか?
（ターゲット設定）

・その人たちはどんなことを今、感じているのか?
（調査・分析・理解）

・どのように思って(感じて)欲しいのか?
（ユーザーインサイト）

・それを伝える具体的なアイデアとは何か?
（クリエイティブアイディア）

・なぜ、それはターゲットに伝わるのか?
（明確な理由・根拠の提示）

・成果計測をどのように行うか?
（計測できるKPI 設定と方法）

・クリエイティブのガイドラインは?
（守るべきルールや条件）

〈クリエイティブ・ブリーフ例〉

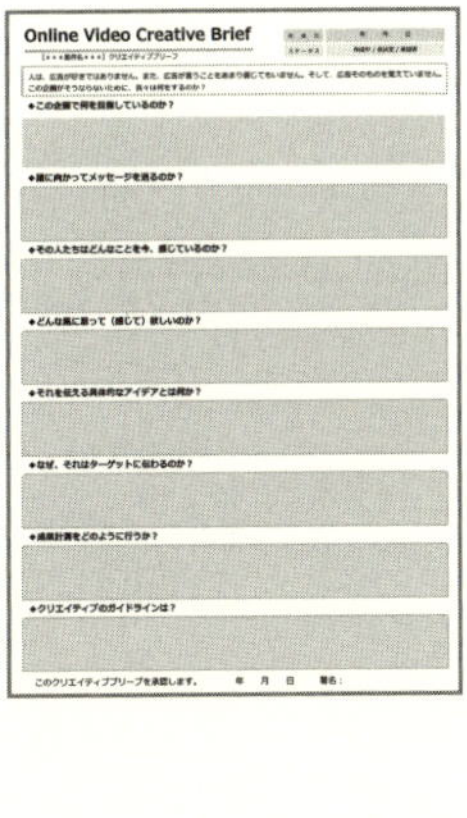
Online Video Creative Brief

◆この企画で何を目指しているのか？

◆誰に向かってメッセージを送るのか？

◆その人たちはどんなことを今、感じているのか？

◆どんな風に思って（感じて）欲しいのか？

◆それを伝える具体的なアイデアとは何か？

◆なぜ、それはターゲットに伝わるのか？

◆成果計測をどのように行うか？

◆クリエイティブのガイドラインは？

このクリエイティブブリーフを承認します。　年　月　日　署名：

このクリエイティブ・ブリーフは特に「What to say」と定義している。ここからクリエイターがその「良いアイデア」と「良いジャンプ」で「How to say」をクリエイトするわけだが、データはこのHowの一部を良いパフォーマンスになるように科学的にサポートしてくれるということになる。タレントを起用する理由が「透明感があって良い」というようないい加減な理由ではなく、「ターゲットのテレビ画面注視度合をこのくらい獲得しているから」というデータによる客観的な数値で示せないと意味がない。

データドリブンなクリエイティブ・ブリーフを確立するには、今後の試行錯誤が必要だろう。しかし、これによって、従来、優秀なクリエイターが属人的に獲得し保有していたノウハウを、企業として保有することができる。AI値を上げる「因子」は、おそらく商品カテゴリーないしブランドによって違ってくるように思う。カテゴリーによっては持ち込めない「要素」もある。使える「要素」の中で、そのAI値に影響する「因子」を分析するしかない。企業ごとにデータドリブンなクリエイティブ・ブリーフ作成フォーマットが違ってきて当然だろう。

少なくともティービジョンインサイツ社の実証実験から言えるポイントは、

- 最初の５秒のインパクト
- サウンド効果
- シーン展開やテキスト表示のマイナス要素
- ＡＩ値持続のパターン

などである。これらを業種、商品カテゴリーの中での「要素」とその「変動因子」、またターゲットに特徴的に起こる反応などと分析することで、従来より、かなり科学的な「クリエイティブ・ブリーフ」ができそうだ。

テレビＣＭだけで「コア・アイデア」を考えるべきではない

テレビＣＭの「15秒」をどうつくるか。これは広告クリエイティブのすべてだったと言っても過言ではないだろう。そのほかの素材は、単なる副産物となる場合が多い。それは動画素材を用意しなければいけないのがテレビCMだけだったからでもある。

しかし、オンライン動画広告や動画コンテンツも重要な役割を担うようになると、テレビCMとしてのクリエイティブ案をつくることから始めるのではなく、まずは動画アイデアをつくり、それぞれの役割や特性に応じて、テレビCM素材、オンライン動画広告素材、オンライン動画コンテンツ素材、デジタルサイネージ広告素材…とつくれるようにするプロセスにしないといけないだろう。（図3－⑨）

動画は情報量が多い。筆者が行ったオ

企業の課題を解決する「動画」アイデアは何か　（図3-⑨）

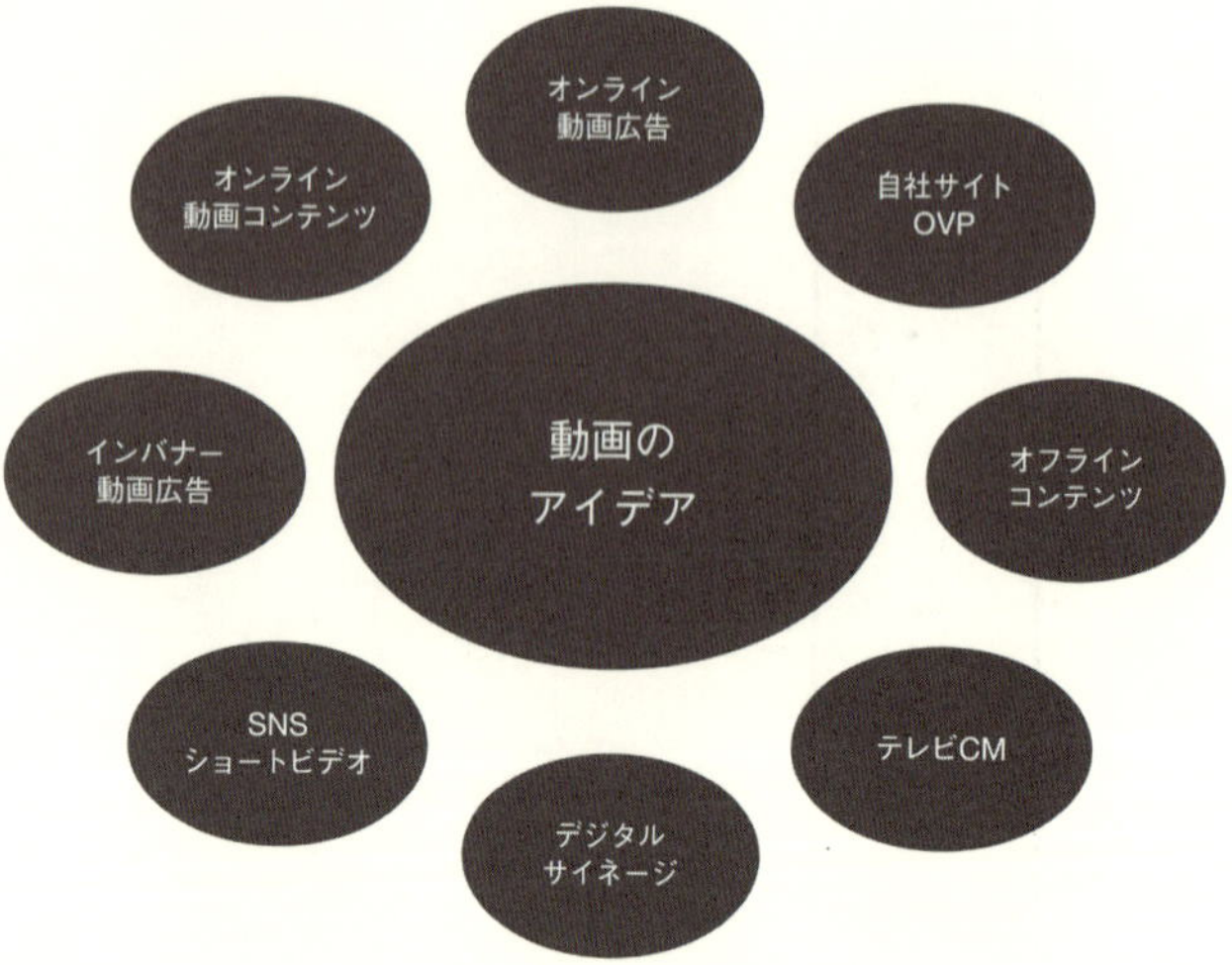

ンライン広告をポイントカードによる購買データに紐付けた配信実験では、やはり動画広告にはディスプレイ広告よりはるかにブランドをスイッチさせる力があった。これはまた、クリエイティブの力の幅は大きいということでもある。効果があるクリエイティブとそうでないクリエイティブの差が大きいだけに、いかにパフォーマンスの高いクリエイティブをつくることができるか。また、いかにして、この作業を科学的に分析し、常に高いパフォーマンスのＣＭを制作しうる再現性を高めるかは、年に何本もＣＭをつくり多額のコストをテレビＣＭに投じている企業には大きなテーマである。

ＤＭＰを使ってテレビＣＭ出稿を最適化する

ＤＭＰの概念を定義しよう。多くは、企業のＷｅｂサイトの訪問者や会員サイトや顧客登録者ＩＤベースでコミュニケーションを最適化するというＣＲＭツールの拡張版くらいにしかＤＭＰを使えていない。しかし、ＤＭＰの機能の本丸は、リアル販売チャネルで商品を売るマスマーケティングブランドにこそある。つまり顧客化したユーザーに逆引き分析をかけて、潜在層の中から顧客化しやすい新たなターゲットセグメントを発見し、そのターゲットに最適なメッセージを送り込むことがＤＭＰの最も期待値の高い機能なのである。

そして「打ち手」をデジタル広告だけでなく、マスやリアル領域に活用することでＤＭＰの価値は格段に高くなる。まず、顧客化したユーザーから、そのブランドに独自の拡張ロジックをつくり、デジタル広告を配信することで、潜在層の中の最も反応するターゲットセグメントとメッセージを検証する。このターゲットセグメント属性に関するアンケートをテレビ視聴パネルに対して行う。そして、ターゲットセグメント属性の層の視聴傾向を見つけ出す。ターゲット含有率の高い番組や局別時間帯をヒートマップ化して、番組提供やスポット案を企画する。また、今後登場する全数系のテレビ視聴データと全数系購買行動データの紐付けから、テレビ視聴行動と購買行動の相関が高いユーザーを分析するのもＤＭＰの役割となるだろう。デジタルデータでマス広告を最適化するという、「デジタルとマスの連動」が、真のデジタルマーケティングである。

さらに、リアルなプロモーション、たとえばＤＭＰによる店頭ＰＯＰのメッセージ開発などを現場の営業パーソンにも活用してもらうことも充分に考えられる。そのための端緒になる施策はオリジナルな拡張ロジックをつくることだ。従来、日本で使われているプライベートDMPは、CRMツールの拡張版でしかない。それはマスやリアルのメディアや施策プランニングに活用できるデータをDMPから供給できていないからだ。マスのコミュニケーションを担う宣伝部がDMPを活用していないとすれば、その企業のDMPはまったく稼働していないに等しい。

リアルタイム運用で最適化する

昨今は大手広告代理店が次々と、テレビCMとオンライン動画広告の配分を最適化するアロケーションモデルをつくるために、事前のシミュレーションシステムを広告主に提供し始めている。しかし、筆者に言わせると、テレビCMではアクチュアルが想定の70%程度しか達成しない場合もよくあるわけで、事前のシミュレーションなどはナンセンスだ。

テレビCMのアクチュアル到達をリアルタイムで把握して、ターゲット到達が足りないと見れば入札型の動画広告で補完していく。つまり「リアルタイムの運用で最適にする」という考え方が正しい。結果アロケーションを最適にするのである。事前にはベストなアロケーションはない。なぜなら、競合相手の出稿も変数になるわけで、随時「策を打つ」ことが求められる。そういう意味では、キャンペーンもいわゆる「アジャイル」(即時対応)型にシフトしていかないといけない。消費者からの反応もリアルタイムで把握し、対応できるのであればキャンペーン期間中にも何らかの施策実行をするべきだ。

そのためには、予算を運用のために別途用意しておかないといけない。しかもこの予算は場合によっては使い切らないのが前提だ。つまり予備予算として確保しておき、目標KPIに達したら使い切らずに残すことを会社が容認するというか、むしろ予算を余らせて目標達成すれば評価されるという文化に変えないといけない。

筆者がコンサル先に薦めている予算配分として「7：2：1」理論を提唱している。7はすでに効果が検証されているメディアや手法に、2は新たにチャレンジして効果検証すべきメディアや手法に、そして1は予備予算として、キャンペーン遂行中に消費者反応や競合の動きに対応できるように用意しておく予算という考え方だ。

前述のリアルタイム運用の予算は、新たな考え方でアロケーションを最適化するための予算で「2」の中に分類されるものであるが、いずれにしても事前にすべてを決めてしまい、事前プランどおりに執行するというスタイルは今の時代にはそぐわないのだ。

この「リアルタイム運用で最適化する」という考え方を実現しているのが、「テレビCM補完型デジタル広告配信（CMARC）」である。（図3－⑩）

CMARCは、テレビスポットにおけるアクチュアルのターゲットリーチ、インプレッション数をほぼリアルタイムで把握し、デイリーで補完入札をかけていくシステムである。到達状況はターゲットごとに直感的に理解できるように可視化される。（図3－⑪）

特に到達しづらい若年層をターゲットとする場合の、ターゲットリーチをオンライン動画で補完するものだ。テレビCMを補完する動画DSPは、テレビ視聴者パネルとWeb視聴パネルが重複する調査対象にどのくらい接触するかを実証しており、テレビCMでのリーチ補完率を計測している。

ターゲットリーチをオンライン動画で補完する方法　(図3-⑩)

リアルタイムに配信検討するためのダッシュボードイメージ

CMARC

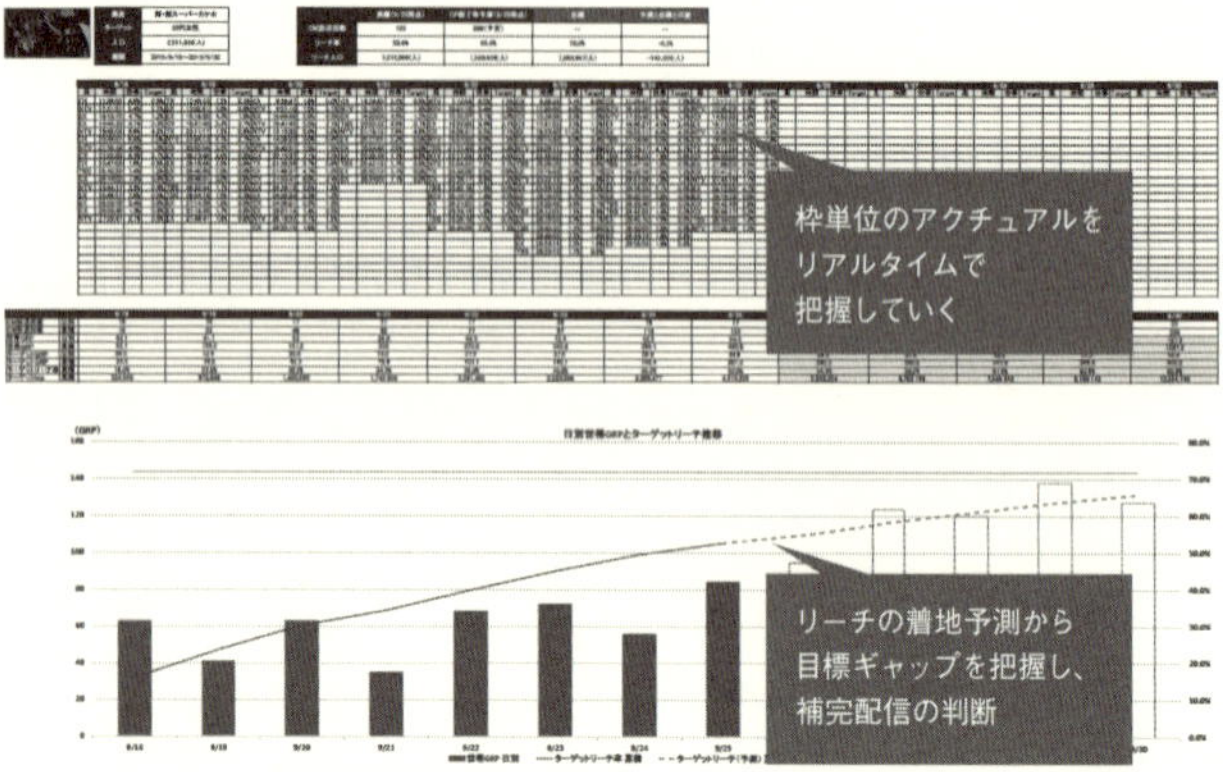

ターゲットリーチをオンライン動画で補完する方法　(図3-⑪)

テレビとオンラインの反応データを一元管理する
ダッシュボードイメージ

CMARC

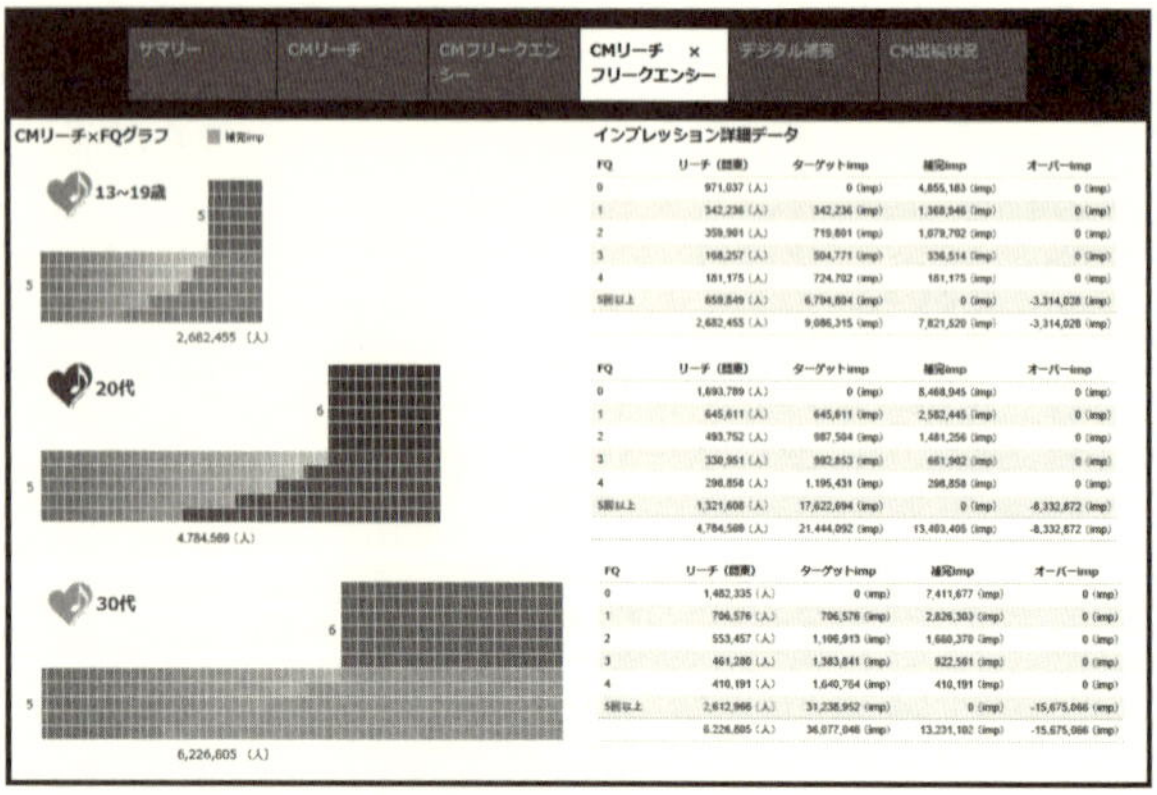

購買が期待できる消費者の数でマーケティング手法を考える

テレビ視聴率でもそうだが、今の人口減少社会の日本では「率」でマーケティングすると間違うことがある。まず、「購買が期待できるターゲット消費者がいったい何人いるか」と絶対数で考えたほうがいい。そうすると、「どんなメディアを使うのが適切か」がかなりイメージできる。従来の習慣的な発想にとらわれて、「○○だからテレビＣＭでなければ」と決めつける前に、一回クエスチョンマークをつけてみよう。

若年層に関してはメディア接触率だけでなく、人口減少を加味して到達者と絶対数で把握しないといけない。たとえば、関東地区のテレビの個人視聴率は、Ｍ１層（20〜34歳男性）で、１９９８年〜２０１０年くらいの間に29・6ポイントも落ちている。つまり１９９８年を１００とすると２０１０年では70・4ということになる。しかし、これだけではない。この視聴率測定エリアのＭ１層人口はこの間に、１００から80・7に減少しているので、Ｍ１層への到達人数で計算すると、１９９８年を１００とすると２０１０

年は56・8にまでなっている。

テレビCMを使うなとは言わないが、いったいターゲット消費者は何人いて、メディアを使うと何人に到達するかを考えてマーケティングしないといけないのである。

テレビCMが当然のように行われているブランドで考えてみよう

ある化粧品ブランドがある。高校生から大学生、20代半ばまでの女性がターゲットとなるものだ。この商品では実際にテレビCMが投下されているが、関東地区でのCMのアクチュアル視聴率を計算すると、少し広めにターゲットを10代、20代の女性としても、投下量全体の約10％しかターゲットには当たっていない。投下量の46％は男性で、かなりの部分は年齢の高い層に当たっている。しかも到達ターゲットの中で、適正フリークエンシーまで達している割合は、ほかの層よりかなり低い。

確かに、テレビCMはすべての広告メディアの中で一番CPM（1000回表示するための広告コスト）が安い。到達をトータルで見れば、CPMは数百円で最も安価となるが、ターゲットCPMはその10倍以上となり、ターゲットの適正フリークエンシー接触者の獲得コストとなるともっと高くついている。CPM計算を異なるメディアで比較するのはナンセンスである。広告フォーマットも違うので、訴求力が違い、一概に比較することはできない。だからこそ、ターゲット消費者は何人いて、テレビCMを使うと何人に到達するかを計算しておこう。

たとえば、関東地区でテレビスポットを使って広告をすることを考えてみる。

関東地区には、4歳以上の男女が4145万6306人いる（平成22年国勢調査）。そのうち10代女性は、184万4190人で、20代女性は、231万1038人である。

この商品にとってのターゲット消費者は関東エリアにはこれだけいる。この人数の中の何人を購買者・利用者とするか、購買頻度がどの程度の顧客が、それぞれどの程度存在するのか、結果、販売量はどうなるのかを推計しておかないといけない。それを想定した上で、広告メディアを使い、どこまでの広告到達を図るか、図ることができるかを設計していく必要がある。

テレビＣＭをどんなに上手に使っても、期待できる広告のターゲット到達量が限定されるのであれば、テレビＣＭ以外のメディアで補完しないといけないが、誰にどの程度足りないのかを把握しないと補完策は取れない。テレビで「打ち方」を最適化するには限度がある。よって補完する側のメディアが自在の「打ち方」を取れるものである必要がある。おそらくテレビＣＭを補完し、相乗効果を生むメディアはデジタルメディアであり、オンライン広告であろう。そして今はスマホを有力な配信先としなければいけない。

ここでいう補完と相乗効果という二つの考え方を説明しよう。

まず「補完」だが、まさに足りないものを補うことである。テレビでも到達しにくい層は若年層を中心に確実に増えている。テレビで到達できていないターゲットにはオンライン広告で訴求することになる。「補完」という考え方では、対象はターゲットでもテレビＣＭを視聴していないか、フリークエンシーが少ないターゲットだ。

一方、「相乗効果」の対象は、テレビＣＭを視聴しているターゲットだ。可能であれば適正フリークエンシーで接触しているターゲットになる。テレビＣＭを視聴しているターゲットに対して、テレビＣＭよりも深く刺さる文脈のコミュニケーションができるクリエイティブを当てるという試みである。

前述したように、テレビＣＭは基本的に、できるだけ多くの人がより多く反応するようにつくられている。ところが、こうしたコミュニケーション設計では、みんなが刺さるようにつくった結果、誰にも強く刺さらないものになる場合が多い。繰り返すが、オンライン広告側の役割は、こうした特定のセグメントに強く刺さる文脈を用意することである。

表は、テレビＣＭとオンライン動画の相乗効果を実証した海外のデータである。（図3－⑫）

そして、ここでも到達したターゲットの絶対数を把握することで初めて、商品の販売量を想定したり、販売量から広告コミュニケーションの効果を逆算したりすることもでき

オンライン動画クリエイティブはオリジナルかテレビCM流用か

（図3-⑫）

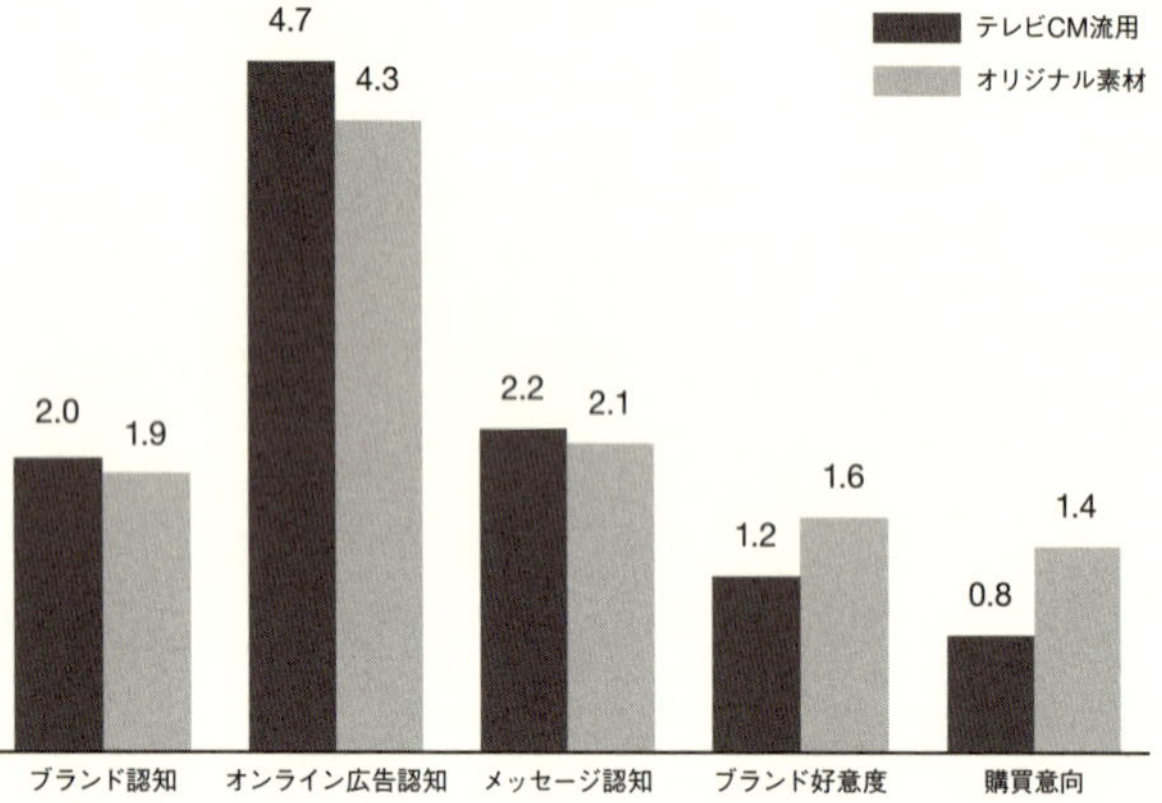

調査：ダイナミックロジック／チューブモーグル

る。「率」でマーケティングしていると、こうした想定は難しい。

　世帯視聴率はテレビＣＭ枠を買う時の通貨ではあるが、マーケティングデータとは言い難い。マーケティングデータと成りうるのは、ターゲットへの到達量であって、テレビＣＭであれば、ターゲット何人に何回ずつ当たっているかをつぶさに把握することだ。多額なコストが必要で、だからこそ効果も大きいテレビＣＭをしっかりした指標で評価しておく必要がある。経営へのアカウンタビリティ確保のためにも、こうした考え方はいっそう求められるものになるだろう。

※14
アクチュアル保証 … 実際にCMが流れた時の視聴率をアクチュアルといい、その数字を保証すること。

※15
KPI … Key Performance Indicatorsの略。重要業績評価指標のこと。設定した目標に対して、その目標がクリアできているかどうかを判断する基準。

※16
LTV … Life Time Valueの略。顧客生涯価値のこと。一人の顧客が長期間にわたり企業にもたらす利益のこと。

※17
クロスセル … 関連商品を顧客に勧めるセールス方法。

※18
DMP … データ・マネージメント・プラットフォームの略。顧客情報などのデータ情報を一元管理、分析し、広告配信などの施策を最適化するためのプラットフォームのこと。

※19
パーチェスファネル … 消費者が商品を認知してから購入するまでの意識の変化を漏斗に見立て図にしたもの。一般的に認知、好意、検討、優勢、購入の順番になっており、上位の認知が広いほど、購入する人が多い、というマーケティングの考え方。

※20
プリロール広告 … 本編の再生前に流れる動画広告。

現場レポート③

英国アンルーリー社の「Unruly ShareRank™」による「共感を呼ぶ動画とは何か」

2兆ビューに及ぶ世界最大の動画視聴に関するデータ、動画視聴者の感情データを活用し、広告動画の視聴、トラッキング、シェア獲得を推進するアドテクノロジーカンパニーであるアンルーリー。マーケティングサイエンスの研究者と共に研究開発した動画コンテンツ評価ソリューションや、ユーザー体験を重視した動画フォーマットを用いて広告配信することで、視聴者とのエンゲージメント、広告効果を最大化することを可能にしている。現在、米国の広告誌『Ad Age』が選ぶトップ広告主企業100社の90%が、アンルーリーを活用している。

そのアンルーリーが動画広告コンテンツを配信前に評価し、視聴者の何%がSNSでシェアするのかを予測するUnruly ShareRank™というサービスを開始した。データに基づく科学的なアプローチにより、動画視聴者の感情の起伏の分析が可能になったからこそできるサービスである。アンルーリー日本法人の代表である香川晴代氏に、より共感を呼びバイラルする動画制作や編集のポイント、また科学的な分析によって実現される、クリエイティブとメディアの統合的プランニングについて取材した。

シェアはお金で買うことができない

香川氏によると、2015年の秋頃から「クライアントの広告への意識」が変わってきていると身をもって強く感じているという。その内実は、テレビCM中心のマーケティングには未来がない、と考えているようなのだ。先進的な企業は、「どんな要素をどうミックスすれば、コンテンツがシェアされるのか」というオンラインで効くクリエイティブを探っている。この本にも「テレビCMよりも先にオンラインを使え」と書いているが、それが実現しつつあるようだ。

アンルーリーでは、「シェア」のデータを最重要視している。日本において動画コンテンツは、視聴数またはCPV、CPCV等で評価されることが多い。つまり1ビューをどれだけコストを抑えて買ったか、どれだけのビュー数を買ったかを主に見ているのだ。ビューはお金で買うことができるため、コントロールしやすい。しかし、シェアは買うことができない、口コミはお金で買うことができない価値だからだ。

シェアを重要視している理由はもう一つある。コンテンツのシェアは「偽りなくそのブランドや動画を支持しているかどうか」を測定する大事な指標だからだ。また、当然、閲覧しているからシェアするわけで、ビューアビリティの観点からも重要な指標であると言える。シェアされやすいコンテンツは多くの人に見てもらえるだけでなく、最後まで見てもらえる完全視聴率が高いのだ。

シェアするかしないかを決める一番の要素は〝感情〟である

アンルーリーでは、動画に対して視聴者が示す心理反応をまとめた周期表を持っている。これは、40万人の動画視聴行動を分析し、シェアした要因が何だったのかを解析してつくられている。100種類ほどのさまざまな要素が相まって、動画をシェアするかしないかを決めるわけだが、もっとも影響を与えているのが「見た人が強い感情を抱いたかどうか」ということである。強く温かい気持ちになったとか、ワクワクしたとか、喜びがあふれるようなHappyな気持ちになったかどうか。そして「これを誰かにシェアしたい、共有したい」という動機が強いかどうか。

シェアするかしないかを決める要素には、いろいろな心理要素があるが、やはり一番は感情である。シェアされやすい動画をつくる時には、要素の中の＋が三つ（この＋が強度を表している）ついている感情、たとえばJoyful（喜びあふれるような）や、Heart melted（心温まるような）などの9つの感情を引き起こす動画が、もっとも効果的だと言える。Happyの感情にも複数の種類があり、強度が低いと「感じがいい」ぐらい。逆に強度が高いと、Joyfulというふうに、感情の強度が低ければシェアにつながらないし、高ければシェアにつながりやすいという方程式がある。

もちろん、動画をシェアする理由は感情以外にも複数あり、海外だと「この動画は私自身を表している」Self Expressionの要素が強い。日本では、現状「ほかの人はどう思っているのか、人の意見を聞いてみたい」Opinion Seekingや、「製品がいいから、サービスがいいから勧めたい」Social Utilityなどの反応がとれるものがシェアされやすい。感情にしてもシェアする動機にしても、国や国民性によって異なり、さらには時代やトレンド、取り巻く社会状況によっても変化する。

また、今現在HappyなものがウケていてよくシェアされているからといってHappyな感情を抱かせる動画をつくればいいかというと、そういうわけではない。動画コンテンツが、そのブランドの一番伝えたいコンセプトに即した心理反応、感情を伝えることができなければ広告としての意味がないからだ。たとえば、基礎化粧品のＳＫ－Ⅱであれば、「運命を変えよう」というブランドコンセプトを一番的確に表現する感情はどれかを掴んだうえで動画をつくっていくのが正しい順序、ということになる。（図３－⑬）

（図3-⑬）

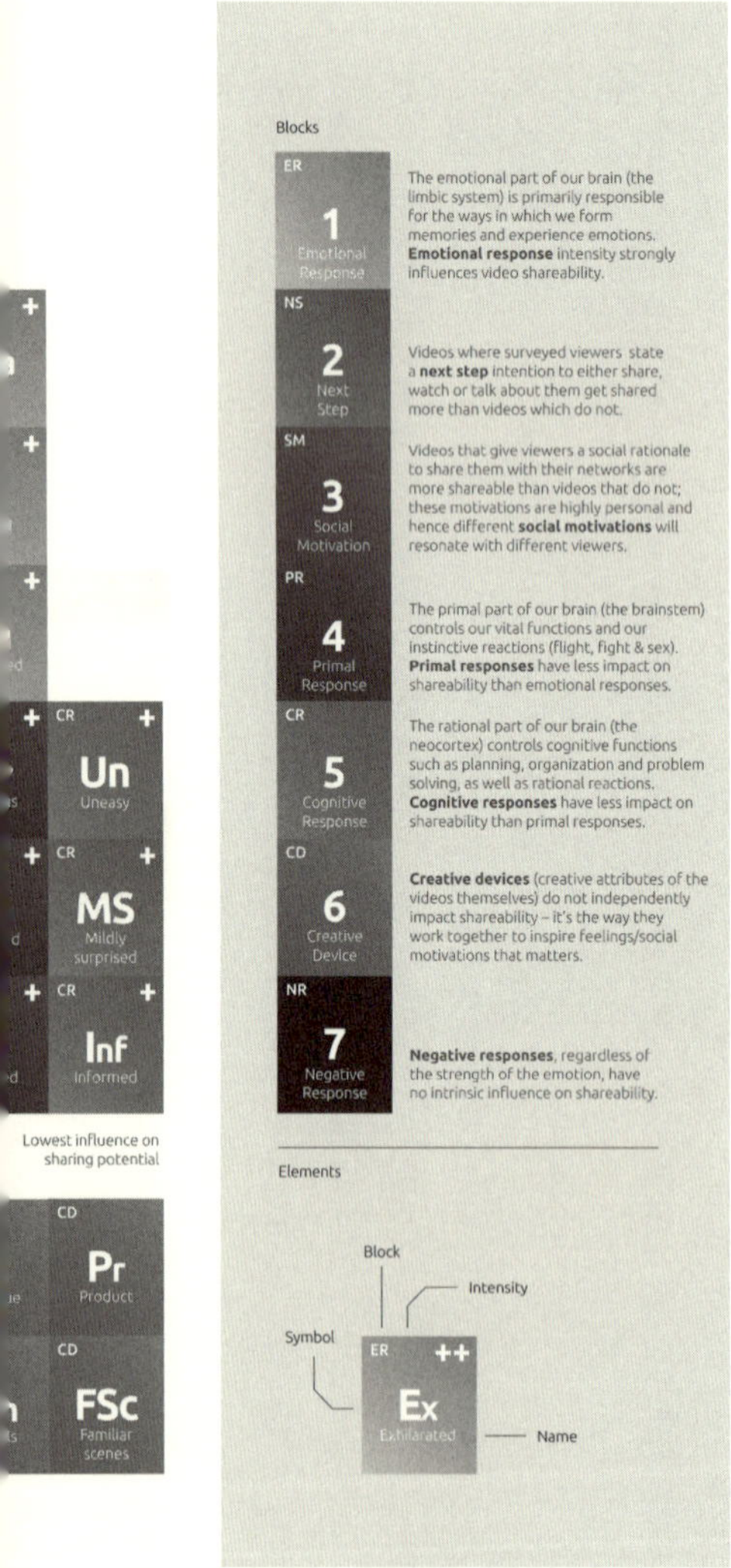
Blocks
ER
1
Emotional Response
The emotional part of our brain (the limbic system) is primarily responsible for the ways in which we form memories and experience emotions. Emotional response intensity strongly influences video shareability.
NS
2
Next Step
Videos where surveyed viewers state a next step intention to either share, watch or talk about them get shared more than videos which do not.
SM
3
Social Motivation
Videos that give viewers a social rationale to share them with their networks are more shareable than videos that do not; these motivations are highly personal and hence different social motivations will resonate with different viewers.
PR
4
Primal Response
The primal part of our brain (the brainstem) controls our vital functions and our instinctive reactions (flight, fight & sex). Primal responses have less impact on shareability than emotional responses.
CR
5
Cognitive Response
The rational part of our brain (the neocortex) controls cognitive functions such as planning, organization and problem solving, as well as rational reactions. Cognitive responses have less impact on shareability than primal responses.
CD
6
Creative Device
Creative devices (creative attributes of the videos themselves) do not independently impact shareability – it's the way they work together to inspire feelings/social motivations that matters.
NR
7
Negative Response
Negative responses, regardless of the strength of the emotion, have no intrinsic influence on shareability.
Elements
Block
Intensity
Symbol
ER ++
Ex
Exhilarated
Name
CR
Un
Uneasy
CR
MS
Mildly surprised
CR
Inf
Informed
Lowest influence on sharing potential
CD
Pr
Product
CD
FSc
Familiar scenes

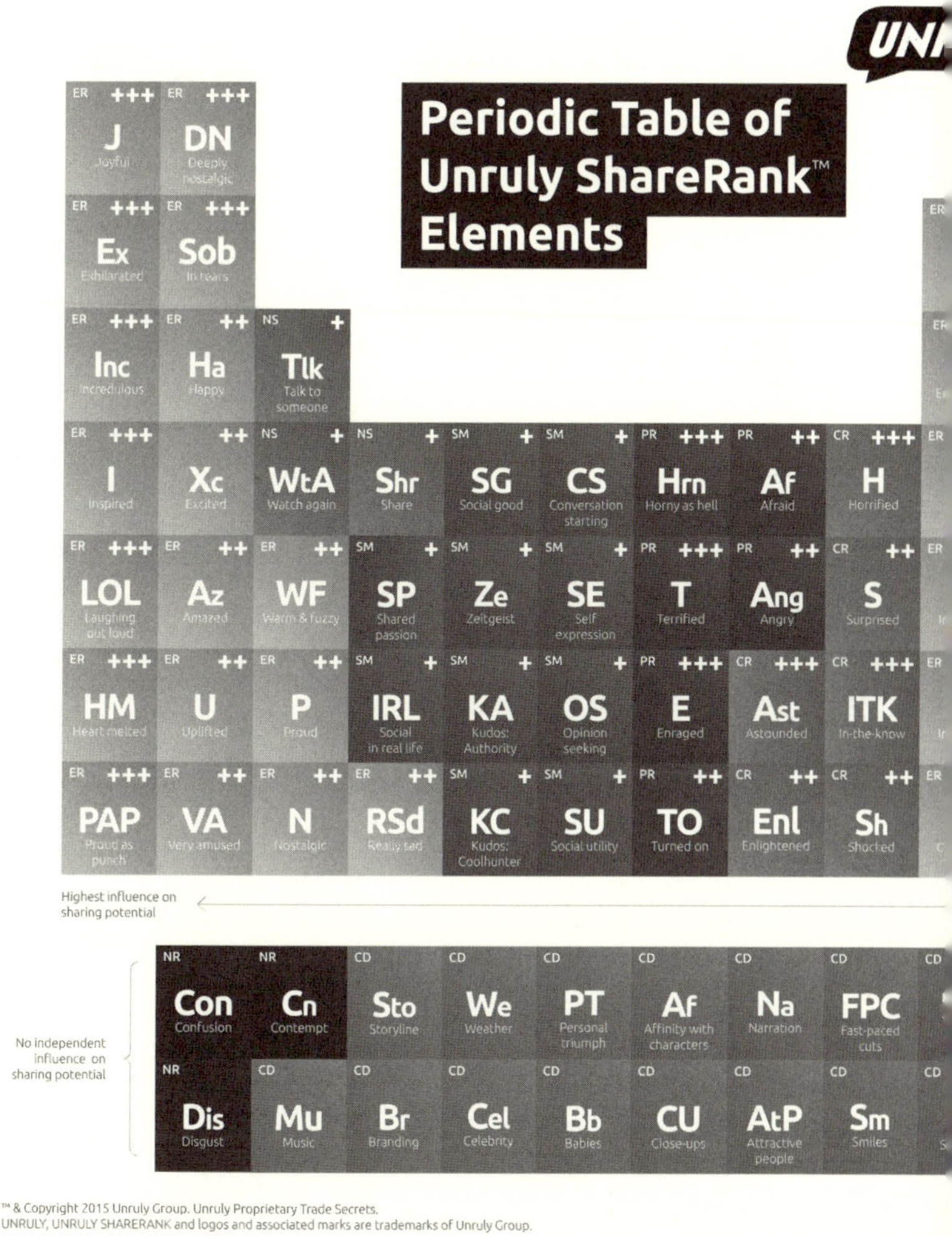

Periodic Table of Unruly ShareBank Elements

シェアされてもブランドメッセージが伝わらないと意味がない

現在、ネット上にはシェアされやすさを優先し、ブランドメッセージがまったく伝わっていない動画広告がたくさんある。どうすればシェアされやすいかと考えるよりも、ブランドメッセージを踏まえたうえで、どうシェアさせるかを考えなければならない。爆発的にシェアされた面白い動画でも、どこの企業のどんなサービスの動画だったかを記憶している人が少なければまったく意味がない。動画で伝えるべきコンセプト、ストーリーとブランドを統合させ、そのブランドを外してしまうと話がつながらないし、伝わらないように制作することでしか、ブランド認知をさせながらシェアの拡大を実現することはできない、という難しい状況なのである。

このような状況では、アンルーリーのサービスのように科学的な手法を用いて分析するのが一番有効である。動画の制作がある程度進んだ段階で分析し、その動画を見た人がどういう心理反応を示すか、感情反応をきちんととれているのか、シェアしたいという動機が高いか、商品・サービスを購入する意向はあるか、ブランドをちゃんと覚えてもらえているか、などを評価することができる時代なのだ。

なぜこういった指標を明確に評価できるかというと、アンルーリーでは2兆ビュー、40万人もの消費者のビッグデータの解析により得られたノーム値（基準値）をたくさん持っているからである。過去のデータの蓄積によって高いレベルの予測が可能になっている。消費財であれば消費財の企業がこれまでに実施した、もしくはアンルーリーが調査したデータを基に、日本の消費財のこれまでのスコアと比べて、動画を評価し数値化する。たとえばシェアランクの数字が8と出た場合には、拡散2%、つまり「視聴した人たちの2%がこの動画をオンライン上でシェアする」ということが予測できるのだ。

動画クリエイティブも分析できる時代へ

詳細な分析をすることで、「総合スコアは高いがブランドを認知させる力は弱い」ということもわかる。分析結果から、ブランドの表現の仕方を工夫するべき、という評価を下し、改善点を明らかにするほか、この評価データを活かしてより成果が出やすい動画配信ができるようになる。たとえばしっかりブランドを覚えてもらうために、動画の上部にバーを設置して、そこに画像もしくはロゴを入れる、動画配信対象を広げたほうが動画への反応を高められるなど、クリエイティブを起点に配信戦略を提案することもできるのだ。

ほかにも、動画のシーン別の感情反応を調査することもできる。数分の動画の中で、視聴者がどういった感情を示すか、どこに感情のピークがあって、どこに心理反応がないのかもわかる。オンライン動画の場合、始まって30秒ほどで一定の感情反応がとれないと、離脱して見るのをやめてしまうため、なるべく前半に感情のピークをもってくるほうが良い。

さらに、クリエイティブのどのような要素が、どのような感情反応を呼んでいるのかもわかる。たとえばパナソニックの「Beautiful JAPAN towards 2020」というキャンペーンで調査を行ったところ、お母さんと子どもが出てきて母親がお弁当をつくっているシーンが一番温かみの感情を呼び起こしていることがわかるなど、人と人との絆が感情に影響を与えることがデータから立証された。この結果を踏まえて、これまでの動画では使用していなかった、両親やコーチといった、人と人とのつながりを表す場面を多く用いた動画を制作した。２０２０年の東京オリンピック出場を目指している少年少女たちを撮った動画も調査し、アンルーリーの知見とアドバイスを活かして「失敗篇」を制作した。「悲しいという感情を与えながら、最後に前向きな場面を見せると感情の起伏が大きくなる」といったことがわかっており、動画では競技に取り組む子どもが失敗を繰り返す場面を取り上げながら最後に成功の場面を紹介している。

実は、音楽でも同じことが言える。音は、不協和音から協和音になった時、ただ協和音を出した時よりも、魅力的なメロディに感じるのだ。これは昔からの鉄則。ネガティブな音ののちにポジティブな音を出した時など、ある程度の振れ幅があると人は反応する。音も動画も鉄則は変わらないということだ。

オンライン動画は、テレビCMの副産物ではない

テレビCMの最大の強みは、音がデフォルトであることだ。テレビが点いていても、テレビの前に誰もいない、もしくはスマホに集中している、なんてことはよくある。そんな時にテレビのほうに視線を向けさせるには、音の力を使うしかない。テレビ番組がCMに入ると、視聴者はトイレに行ったり、スマホを見たり、テレビから視線を外し、3分ほど経って番組が始まるとまた視線を戻す。前出のテレビ視聴質測定調査でも、急にビューアビリティが上がったCMを集めてみると、大概サウンド要素が引き金になっている。ライザップやジャパネットたかたのCMもそうだが、テレビは非常にパッシブなメディアであるため、サウンドがプッシュ力の源泉なのだ。

先ほどの動画における心理反応の話ともつながるが、テレビCMも実は最初の5秒のアテンションが高いと、15秒全体のアテンションが高くなる。オンライン動画も調べればわかると思うが、カメラでどのくらい画面を見ているかを測定すると、そういったスコアになるはずだ。テレビとオンライン動画は似ている要素もあるが、パッシブとアクティブの違いがある。そしてテレビCMはブランドの文脈でつくっているが、オンライン動画はユーザーの文脈でつくると反応が良い。そこを上手に融合させる必要がある。

もうテレビCMだけをつくれば良い時代ではなくなっているし、テレビCMを先につくってオンラインの動画コンテンツはテレビCMの副産物で、というのは、非常にもったいない。まずは、動画全体を見据えてコア・アイデアを練り、オンライン動画をつくって流して反応を確認。その後、クリエイティブを最適化して、最後に最大公約数的なテレビCMを活用する。それぞれにある種の化学反応が起こるように、テレビと動画を最適化するとなると、必然的にオンライン動画からつくるというプロセスになるはずだ。

アンルーリーのデータによると、2015年に日本が制作した企業動画は、前年比1・6倍に増えている。世界平均が1・2倍なので、日本の動画市場は爆発的に伸びていると言える（とはいっても海外ではケタが違う。アディダスは年間で何千本も、レクサスも１０００本ほどつくっている）。それだけ増えているということは、オンラインで見てもらえることを意識しているのだと思うが、やはりほとんどがテレビＣＭの流用か、それに少し手を加えたものであるというのが現状だ。２０１６年も企業動画は同じように強い成長を見せていくと予想されるが、日本の企業動画のシェア率は、世界平均が65％に対し、わずか15％しかないのが現状だ。

企業の動画を見てシェアする率が世界平均ではかなり低い。ただ、日本ではテレビＣＭをそのままオンラインで流している企業がほとんどであるため、そもそもシェアしてもらおうという意図でつくっていないのだ。これは、今後企業にとってはチャンスでもあり、伸びしろは非常に大きい。

感情は大きく動くが、動画をシェアしない日本人

国別・地域別で「どんな感情がシェアを呼ぶか」のトレンドを見てみたい。これは、グローバルキャンペーンの際に非常に重要な指標となる。日本で今シェアされている動画は、温かみ、インスピレーションを感じる、Happyの感情が高い。世界を見るとHappyは比較的多くの国で見られるが、ブラジルだと「ハジけるような」という感情が最上になっ

ている。あとは「愉快な」など。これは個人差があり難しいため、日本ではあまり出てこない感情だ。このように地域差はかなり大きい。

当然、多くシェアをする国民性とそうではない国民性があるが、心理反応でいくと、日本人は動画を見て感情は大きく動いており、世界平均の3倍も感情が動く。ほかにも、インドも同様に非常に高い。一方、日本人のシェア率は非常に低い。その理由はいろいろあると思うが、よく言われるのが、こういう動画をシェアしている自分を他人がどう受け取るかという自意識が高く、躊躇してしまう。企業は、いいクリエイティブをつくって、シェアしてもらいたいのだが、そのためには相当な工夫が必要だ。

先ほども書いたが、企業の動画はただ拡散されれば良いというものではない。企業にとって「価値ある口コミ」をもたらす動画コンテンツとは、ブランドと密接に関わりがあり、シェアされやすく、ターゲットにふさわしい内容だ。この三つがそろうと、広告的な価値のある動画の拡散が生まれる。日本はシェア率が低いだけでなく、動画視聴後のブランド認知率と購入意欲も低い。この点でも、企業は動画の内容に工夫を凝らす必要がある。

海外では、スーパーシェアラー（週に1回以上シェアをする人）に重点を置いて動画を配信したりする。アジアでの割合は2：8。2割のスーパーシェアラーが残り8割にシェアをしていく。この2割の人たちのシェアを促すために、たとえばアルファブロガーに動画を先行して配信し拡散してもらうテクニックもある。

ブランドを前面に出してストーリー展開をするべきだ

クライアントからアンルーリーによく質問が寄せられる。その多くが「20代の女性をターゲットにしたシャンプーや化粧品なら、どういう感情を引き出す動画にしたらいいのですか？」というような、先に視聴者の感情に焦点を当てたものである。この質問は誤りである。まずは、そのブランドが伝えたいメッセージを決めるのが正しい順番だ。そこから始めないとブランドにとって適切な動画にならない。そして、日本人のシェアを狙うなら、「友人の意見を聞いてみたい」と思わせるような、また「同じ関心を持つ人同士がシェアしたくなる」ような心理反応を狙って、動画コンテンツをつくると良い。

さらに、ブランドとストーリーを統合すること。現在の多くの動画は、最後にひっそりとブランド名が登場する。おそらく、前半にブランド名を出すと嫌がられて離脱してしまうと考えたのだろう。実はそんなことはない。たとえば、シャンプーメーカーには髪の健康の話をする資格がある。ブランドをきちんと前に出したうえでストーリーを展開していくことを企業は臆せずにやっていいのだ。それこそがブランドとストーリーを統合することになる。ブランド名の出現に関係なく、シェアされるものはシェアされるのだ。

シェアされるには最初に大きな山をもってくる

拡散に成功するかどうかは、ローンチした最初の数時間で決まってしまう。2013、2014、2015年で14日間にわたってシェア数を調べた結果からわかっている。最初の3日間でシェアのピークは非常に上がる。2015年には全体の44％のシェアは最初の3日間に集中するという結果となった。みなさんも身に覚えがあるだろう、一度シェアした動画を、別の人がシェアしてきても、自分からはシェアしないだろう。拡散し始めたコンテンツは、3～4日目ですでに周知のものになってしまうのだ。

つまり、最初にどれだけ爆発的に多くの人がシェアするか、いかに最初に山をつくるかによって、全体のシェアの最大値が決まる。海外だと、先ほどお話ししたスーパーシェアラーに先に渡す、あえてあまりメディア投資をしない、という施策を行うこともある。そのほうが結果的にリーチすることもあるのだ。

動画コンテンツにターゲットを見つけてもらう

アンルーリーでは、感情を起点としたターゲティング配信を、アメリカ、イギリス、ドイツ、オーストラリアで行っている。こういったサービスは世界初なのだが、動画を調査にかけて、たとえば、スポーツカーの動画に強く反応した人たちがどういった人たちなのかを探ることができる。モバイルユーザーである、フェイスブックでの友達が多い、旅行が好き、映画鑑賞が好き、など、さまざまな特徴をパネル調査で分析し、拡張ターゲティングしていくことができるのだ。これはクリエイティブを起点にしたターゲティングといってよい。よくあるリターゲティングとは違い、動画のコンテンツをクリエイティブが変わるたびに誰にターゲットを当てていくか、変えていくことができるのだ。

以前、自著でも書いたが、まさに「反応した人がターゲット」なのである。今まで、ターゲットは〝想定〟するものであり、ペルソナという架空の人物に向けてクリエイティブを制作していた。今ではクリエイティブによって反応した人がいるかどうか、どれくらいいるか、が実証できるようになっている。だったら、クリエイティブに反応した人をターゲットにすればいい。もし、当初のターゲットと異なる人が反応していたら、そもそもターゲット設定が間違っているか、そのターゲットにマッチしたクリエイティブになっていないかのどちらかだ。そのブランドのメッセージのエッセンスの部分を基に、どういった感情反応を与えたいかを抽出し、それに強く反応する人をターゲットにするのが実は正解なのである。ネットでは、それがすべて実証できるのだから。

動画演出の精度も案を選ぶ精度も上げることができる

デジタルは、インタラクティブな世界である。実は広告しながら大いなる調査をやっているとも言えるのだ。広告というのは、大海原に上からソナーをボンボンと落としていき、どこに魚群がいるかを探索する活動なのだ。このように的を動かしながら、ターゲットが多くいるところに的をもっていくのも、やり方の一つだ。そのようなことができる時代なのだ。やはり予算がかかるテレビCMの制作をあとにしたほうが絶対に賢いのがわかるだろう。

テレビCMの制作フローでは、企画コンペで企画案を了承してもらい、その後、制作プロダクションの演出家による演出コンペになる。What to sayは決まっている中で、How to sayをどうするかという段階に入る。この、演出の"How"の部分で、いろいろな条件付けができるようになると思われる。テレビCMを少しでもアテンションしてもらうための音声の付け方を指示したり、逆にアテンションが落ちてしまうNGルールもわかるので、それをつぶしたりする作業ができるのだ。ただ、アプローチはもっと根本的で、ターゲットにある強い感情を与えるためには、企画コンペからの最適化をするしかないだろう。何種類かアプローチはあると思うが、それで成果を上げていくことだと思う。

クリエイティブの制作チームは、プレゼンを経てクライアントに企画が採用された段階で力尽きていたりすることが多い。そこから先の演出コンペは、意外と誰も見ていない。演出家から案はたくさん出てくるのだが、その部分は広告主の好き嫌いで否定されたり、変更されたりする。今までは、効果的かどうかで判断されにくい領域だったのだ。

アイデアはつくるより、選ぶほうが100倍難しい。一流クリエイターが最高の案をプレゼンしていても、結局は選ぶ側、広告主の能力に左右される。今までのCMは予算を出す広告主の、非常に限られた感性と判断基準のなかだけで選んできたのである。しかし、アンルーリーが蓄積しているような科学的に分析された消費者のデータを活用することで、実質的に案を消費者に選ばせることができるのである。科学するということは、まさに再現性を担保することであり、消費者データを活用して、独自のNGルールや自分たちのブランドのノーム値をつくるべきだ。長い時間をかけて調査して突き詰めて、クリエイティブの表現の最適化のルールを独自でつくるべきである。

感情というエッセンスは販売促進にもつながる

アンルーリーが、よくクライアントから聞かれるのが、ダヴの「Choose Beautiful」のような感動を呼ぶ動画をつくりたいが、店頭で流れているような情報中心の動画にも感情というエッセンスが使えるのか、ということ。結論から言うとこれは効果的だ。なぜかというと、今や多くの商品がコモディティ化し、どこの4Kテレビを買っても画質はキレイ、どのシャンプーを使っても髪はツヤツヤサラサラ。そうなると、結局どれだけブランドを覚えてもらえるかが購買意欲につながっていく。そこに〝感情〟は効くのだ。情報中心の広告であっても、心理的に訴える要素を加味していくことにより、ブランドへの好感情を担保できる。まだそれを実践している企業は少ないため、受け手、お茶の間はどう感じるかを狙っていくのが今後の新しいミッションになると思う。

企業はなるべく早く動画コンテンツに取り組め

アンルーリーが関わった大手食品メーカーの案件では、感情反応でターゲットを先に選び、そこからクリエイティブ・ブリーフを起こしたという事例がある。クライアントは、ブランドメッセージを伝えるためにどの感情を狙ったらいいかわからないことが多いのだが、そこをコンサルテーションするのもアンルーリーの仕事だ。ブランドコンセプト、ブランドキャラクター、さらにその企業もしくはそのプロダクトの置かれているポジショニングによっても選ぶ感情は異なる。

この案件は、まさにアンルーリーがアナリストとなり、心理反応のHeart meltedやDeeply nostalgic（なつかしい気持ちになる）など強度がもっとも高い感情、そしてシェアする理由の三つを選んだ。そしてシェアランクのスコアが高かった過去の動画データベースの中から類似の動画を探す。この手法には業種は関係ない。

ここで設定した心理反応に該当し、なおかつ成功した動画を探したところ、二つの動画が見つかった。一つはグーグルの「再会」という、年配の男性二人が別の国に分かれて住んでいたのが、娘の検索によって再会を果したというストーリー。もう一つが、英国航空の母子のストーリーだった。これらの動画を基に、どの要素が感情を呼んでいたかを調査すると、「離れ離れになっていた友達や家族が再会する」というストーリーが温かみを、「母親の手料理」が子どもの頃を思い出させ郷愁を呼んでいることがわかった。このような要素をブリーフィングに反映させることができるのだ。

運用を伴うことになるが、企業はなるべく早くオンライン動画を始め、データを蓄積していったほうがいい。消費者データはもちろんのこと、参照できるデータが多ければ多いほど、クリエイティブ精度が上がり、シェアされやすくなるのが動画コンテンツの領域なのだ。

第4章

CMを科学するために

テレビはすでにデジタルデバイスである

筆者は「デジタルマーケティング」を「マスとリアルを含むすべての領域のマーケティング施策をデジタルデータを用いて最適化する試み」と定義している。つまりネット領域に閉じているのは「デジタルマーケティング」ではない。ネットを販売チャネルにしていてもマスメディアを使わないと販売を拡大できないだろうし、リアルとバーチャルを統合するオムニチャネル構想も浸透してきた。

「マス・リアル・ネットの三領域をデジタルデータで統合し、顧客導線を最適化する」。これを「デジタルマーケティング」とした時、テレビという最大のマスメディアをどう扱うかは今後の大きな課題になる。DMPを活用するためにも、企業は自社が直接収集した1stパーティデータに、3rdパーティデータを紐付けてデータの価値を上げていかないといけないが、3rd パーティデータの中でもテレビ視聴データは、購買行動データ、ソーシャルメディアデータ、ジオデータ（地理的情報）とともに最重要データになる。（図4–①）

（図4-①）

様々なデータを活用し、新たなターゲットの発見・One to Oneマーケティング
4P戦略（商品戦略、価格戦略、チャネル戦略、プロモーション戦略）を実現する
DMPで活用するデータ群

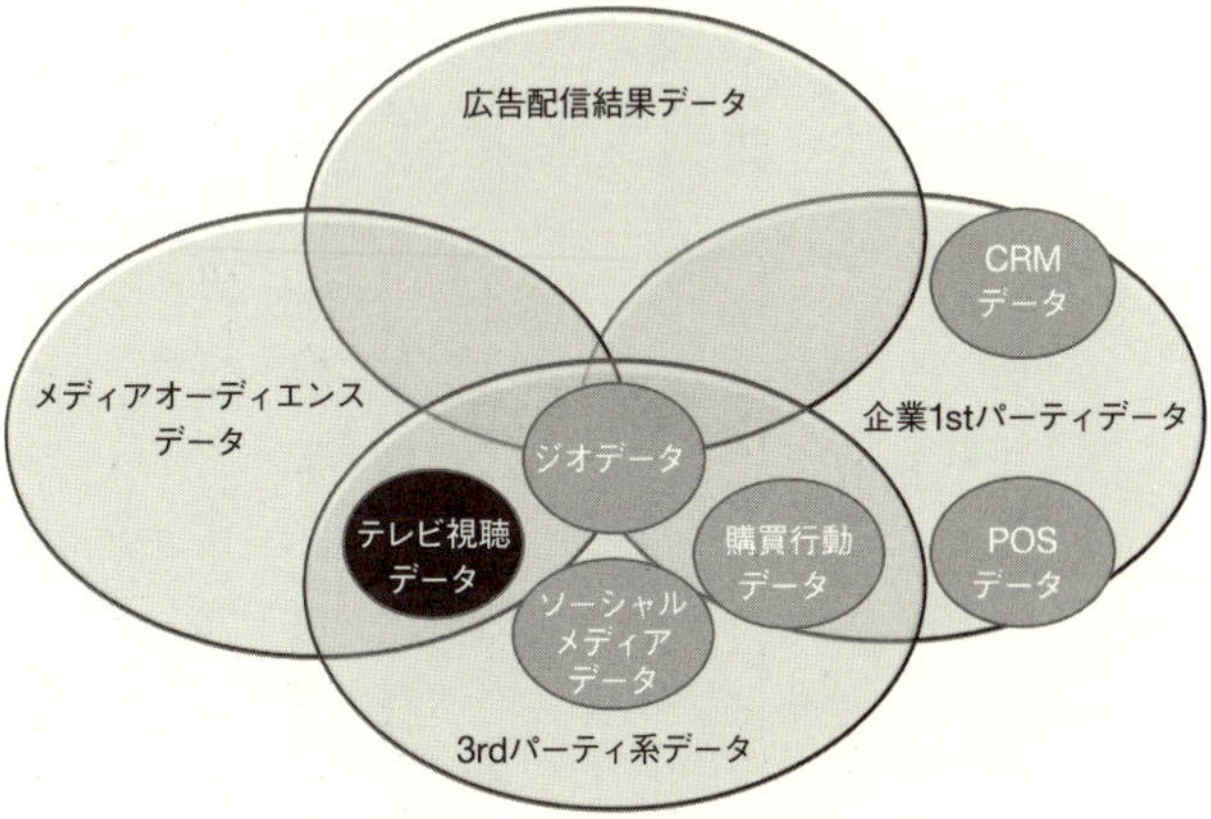

「テレビ視聴データ」がメディアオーディエンスデータでありながら、3rdパーティデータに分類されているのは、通常メディアのオーディエンスは媒体各社がデータ保有するものだが、テレビの視聴者に限ってはテレビ局に一切データがないからだ。

では、テレビ放送の視聴者をどうやってデータ化するか。第一章で少し触れたが、実はもうデータ化は技術的にはできている。

テレビ端末がインターネット回線

に接続されていれば、テレビメーカーのサーバーでそのテレビ端末を個別にＩＤ管理することができる。あとは視聴ログをどう取得するかで、これも技術的には可能である。視聴者の許諾やデータ利用ビジネスが成立するか、という関係者との調整マターということになる、ということは前述したとおりだ。つまり、テレビ端末はスマートＴＶとしての機能をユーザーが今以上に求め、ネット接続が進むと、パソコンやスマホ同様、完全にデジタルデバイスになる。ＩｏＴが浸透し、様々な家電がネットにつながることが予想される中、テレビの結線率が上がらない、なんて想像できない。

２０２０年の東京オリンピックに向けて、４Ｋは当たり前、リモコンにネットフリックスボタンなどを装備したＶＯＤ対応テレビになるだろう。入力しにくいリモコンではなく、スマホと連携して音声入力が可能になるなど、進化するはずだ。すでにフィリップスや韓国メーカーのテレビはアンドロイドＯＳを搭載しているものがある。そうなるとテレビは、必ずしもデフォルトで（電源をつけた時に）放送を受信する状態になっているとは限らない。

この件に関しては、２０１３年に「スマートビエラ事件」が起きた。パナソニックの新型スマートビエラが、テレビ局やテレビメーカーなどで組織する業界団体が定義している状態でテレビ（テレビとは電源を入れた状態でどこかの放送局の放送を受信している状態でなければならない）とは言えないということから「スマートビエラのテレビCMを各局が受け入れない」とした。本来は、テレビをどう定義するかは業界団体ではなく、ユーザー（消費者）が決めることだ。ユーザーがテレビ放送の受信を選択肢の一つとするのであれば、それがテレビ端末の、当然の方向性となるだろう。

現状でネットに結線されたテレビは1000万台近くあるはずだが、視聴ログが取得できるものはまだ一部である。しかしオリンピックに向けてさらに買い替えが進むと2020年までには2000万台が結線し視聴ログが取得できるかもしれない。そうなるとおよそ国民の半分のテレビ視聴データが取れる。

またその時、テレビ端末はパソコンやスマホ同様インタラクティブなデバイスとなり、インタラクティブTV向けのサービスは映画やドラマ視聴を中心にもっと幅広くなっていくだろう。画面が大きなほうがいいコンテンツはいくらでもある。つまり、テレビは「マスでありネットである」ものになる。従来、ネットの帯域の限界から大量接続には馴染まず、そこは放送の役割にならざるを得なかったものも、ネットのスペックが驚異的に上がり、機能のオーバーラップは進むだろう。そして、今より「放送によるCM」なのか、「オンラインで配信されるCM」なのかの境目がほとんどなくなるだろう。そのためにも宣伝部は、今からテレビメディアの担当者とネットの担当者を融合させて知見を共有することが必要なのである。

残存GRPをどう考えるか〜期間中の投下配分の最適化〜

「情報大爆発」によって起こっているのは、コミュニケーションの主導権が完全に受け手側に移ったということである。マーケティングコミュニケーションに携わる人たちが、大前提としなければいけないのが、この点だ。特にテレビCMによるキャンペーンで成功体験のある企業マーケターが一番陥りやすい罠がここにある。

消費者が接触する情報量が多すぎるので、「自分事化」しない情報には、無意識に耳を塞いでいる。そんな中で消費者が「これは自分に対して送られている情報だ」と感知しない広告コミュニケーションはいくら大量にプッシュしてもほとんど伝わっていないことになる。また、テレビCMを大量投下しても、「すぐに効果が落ちるようになった」と感じる広告主も多い。実際に調べたわけではないが、ネットの出現以前の何百倍も情報量が増えたことで、いわゆる「残存GRP」は維持できなくなっていると思われる。昔よりテレビCMの効果は減衰しやすいのだ。

こんな状況の中、一定期間中でのコミュニケーション効果を最大化するには、下記の二つのポイントを考慮すべきである。

・キャンペーン期間中の投下配分を最適化する
・テレビCMの効果の減衰をオンラインで維持する

たとえば、6週間のキャンペーン期間を2週間ずつ、前期・中期・後期に分けて考える場合、以下の四つのパターンが考えられる。

・前期にピークを持ってきて、中期・後期を平板に出稿する
・前期・中期を平板にして後期にピークを持ってくる
・前期と後期を平板にして中期にピークをつくる
・投下量を前期・中期・後期とも同じにする。
（図4―②）

この四つのパターンのうち、キャンペーン終了後6週間時における残存効果が最も維持できているのはどれか、という検証をする。

これは商品カテゴリーによって、またブランド力やクリエイティブによっても差が出るだろ

（図4-②）

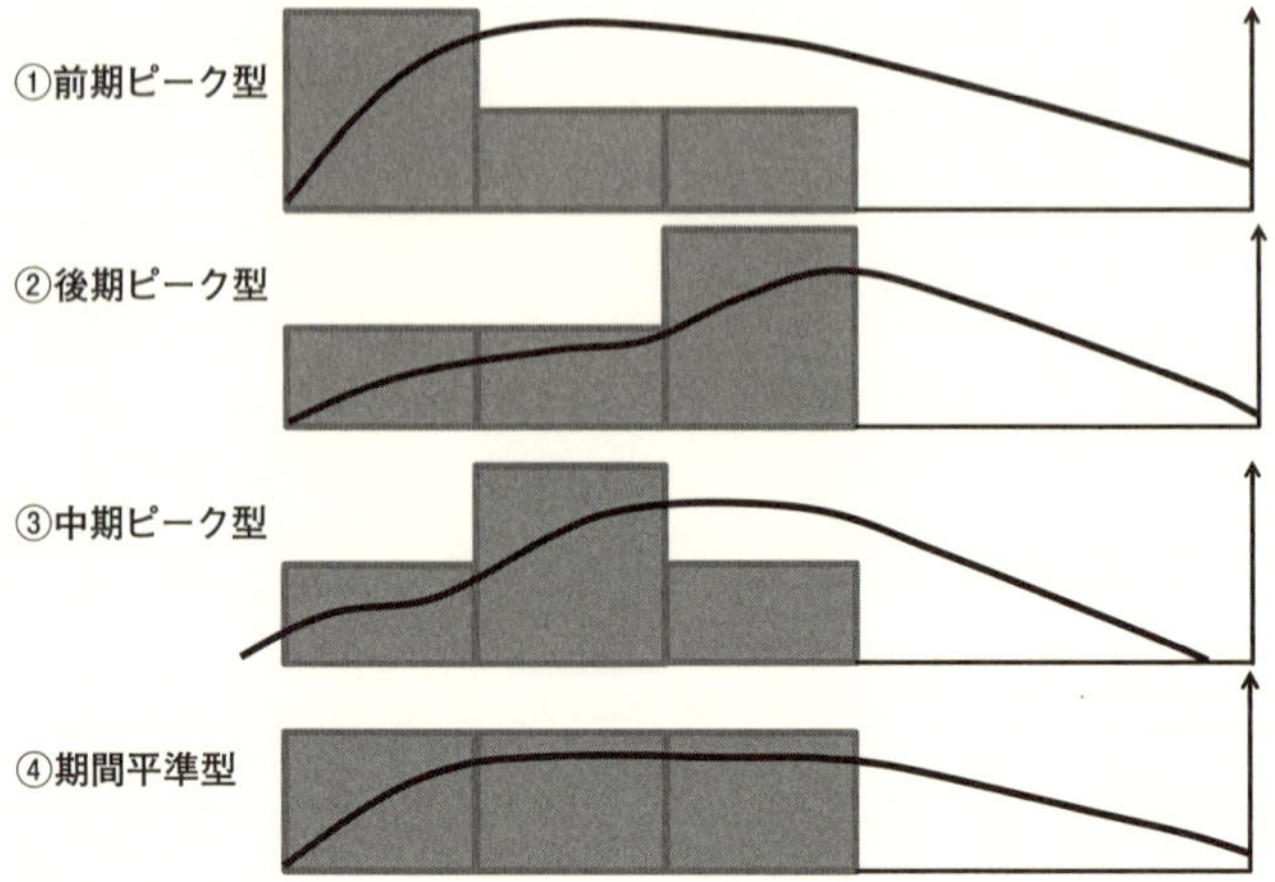

うが、自社ブランドにとって最も効果が減衰しないパターンを見つけることが重要だ。前述したCMクリエイティブによってAI値が長持ちするものやそうでないものもあり、クリエイティブによる出稿パターンの選択、または出稿パターンを考慮したクリエイティブ制作が求められる。

もう一つのポイントは、テレビCM投下をオンラインでサポートしてCMの残存効果を最大化するという視点だ。

通常、テレビの減衰をカバーするということではテレビCMの投下終了後にオンライン動画広告を配信することになるだろう。しかし、テレビCMとオンライン動画広告の双方を視

テレビCMの残存効果をオンラインで補完する　（図4-③）

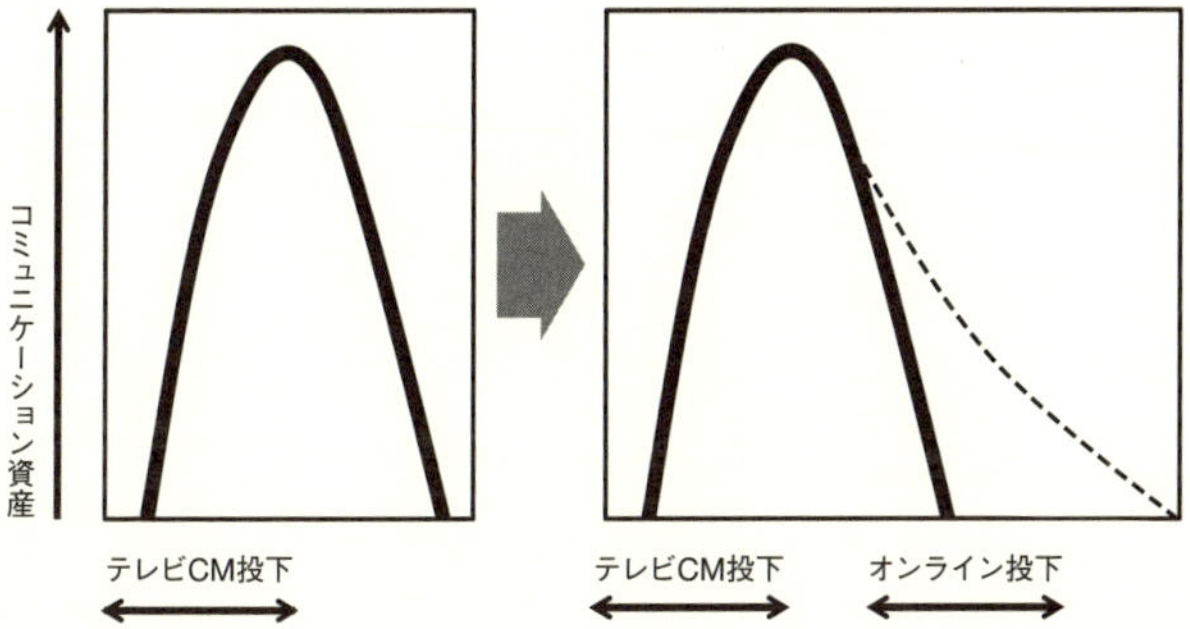

聴させることでの効果醸成を狙うことでもあるので、テレビＣＭ接触からあまり時間を置かないほうがいいとも考えられる。そうしたいくつかの要素を考慮して、オンラインをテレビＣＭに組み合わせる時に、いつ投下するのがいいのか、ということになる。（図4―③）

ティーンエイジャーにブランド訴求しておくこと

テレビＣＭが若年層、特にティーンにおいてその到達効率が落ちていることは拙著『新世代デジタルマーケティング』（インプレス）でも実態データを含め言及している。子供はみんなテレビを観るもの、という時代は終わっていて、小学校くらいのお子さんをお持ちの方に聞くと、ほとんどがYouTubeばかり観ているという話が多い。

今は『8時だョ！全員集合』のように、観ておかないと学校で話題に乗り遅れるという番組はほとんどない。また視聴ログを見ると、必ず観ている番組というのは非常に少ない。たとえば、10%くらいの世帯視聴率のドラマだと、リアルタイム視聴をしたテレビ端末はとりあえず全話、ないし1話だけ見逃したという視聴パターンが1位になるものの、2位~8位くらいまではどこか1話しか観ていない。週一回の箱番組で、とりあえずワンクール13週の内8週観たテレビ端末をロイヤル視聴世帯と定義すると、たいがいの番組において、その比率は5%~10%程度に留まる。意外に番組定着率は低い。

そんな中で、テレビスポットを若年層向けに打ってもほとんどが高齢層に当たってしまう現実があり、500~600GRPでも20回以上のフリークエンシー過多の視聴者が20%を超えるようなことも普通だ。逆に若年層にはCMの到達効率は悪い（あくまで高齢層に比べてだが…）。13~29歳の男女どちらかをターゲットとした場合、関東地区で、500GRP打っても、1000でも、1500でも2000でもターゲットには20回に1回しか当たらない。

さて、本題はこれからだ。

テレビでティーンエイジャーにブランド訴求をしようとした場合、一番効率の良かったテレビが期待できなくなっていることで、懸念されることがある。それは「ターゲットが20代以上だからティーンに訴求しなくても今はいいや」と思っていると、大変なことになるということだ。

従来は、対象が大人でも充分にテレビCMはティーンに到達していた。それが今は非常に届きにくい。テレビをまったく観ない人にはいくらテレビのGRPを増やしても意味はないわけで、テレビCMだけでブランド訴求をしていると、まったくブランドの認知もイメージも持たない若者が数多く醸成されるということになる。

筆者は以前、あるアニメキャラクターを起用したインスタント麺の商品化とCM制作に携わったことがある。実はこの商品の味は、そのインスタント麺メーカーの定番ブランドの味だった。つまり子供たちに味を刷り込んでおきたいという戦略であり、将来の需要のために商品化した戦略的なものだった（キャラクター商品だけではほとんど黒字化できなかったかもしれないが、目的は単に今の売り上げではないのだ）。

テレビCMはブランド訴求には最も効果的な施策だろう。そのテレビCMがティーンに届きにくいとなると、彼らが大人になった時に、「そのブランドに何の意識も反応もしないでスルーする」ことになる。今、ターゲットでないからと言って放っておくと、とんでもないことになるのだ。昔は意識していなくてもテレビで届いていたティーンへのブランド訴求が、今はほとんどできていないという実態は、今後考慮すべきである。

現場レポート④

テレビCMとオンライン動画、データ活用の今

　広告はつくるよりも選ぶほうが、難しいと言われている。具体的な判断基準を提示しにくく、その選択は最終的に広告主の好き嫌いで決めてしまうこともあった。しかし、現在はデータによる判断が可能になっている。ユーザーの反応を分析したデータを基にして判断することで、疑似的に広告をユーザーに選ばせることも可能だ。データを使うのは嫌だというクリエイターもいるが、データを味方につけるとクリエイターの発言に、より説得力を持たせることもできる。ここでは、動画制作クラウド「Viibar」の代表取締役である上坂優太氏とコミュニケーションディレクターの佐藤尚之氏を交え、「テレビCMとオンライン動画、データ活用の今」について伺った。

動画広告の役割はバイラルだけなのか

横山：Viibarは動画にタグ付けをして、どういうユーザーがどんな反応をしているかという分析

をしていますよね。そういう分析からクリエイティブの新しい開発プロセスみたいなものが見えてきていると思います。クリエイターはどのようにして、データドリブンにクリエイティブジャンプをすればよいのか、データの領域にアイデアをどう持ち込めるのかという議論ができればと思います。

上坂：Viibarはクラウドソーシングの仕組みを使ってクリエイターに動画制作を委託し、クライアントに提供する事業を行っています。特に最近は「データ×クリエイティブ」というテーマを掲げ、データを活かしてクリエイティブをより良くした動画の実績も出始めています。

方法は大別すると二つ。一つは登録しているクリエイターのマッチング精度を高めること。クリエイターにポートフォリオを提出してもらい、クリエイターの志向性とクライアントが求めるものをマッチングさせて精度を高め、いいクリエイティブを提供しようというサービスです。

もう一つは、クリエイティブをつくる際に、データを活用して制作するサービスです。事前にどのような動画を制作するべきかを判断するパターンと、配信したあとにフィードバックを基にして改善していくパターンがあります。

事前の部分は、まだ開発中でテストをしながら精度を上げている段階ですが、広告をできる限りコンテンツとして受け止めていただけるよう、視聴者が普段好んで見ているような文脈で広告をつくっていこうというアプローチです。たとえばこのペットボトルの水をプロモーションしたいということであれば、ターゲットとなる方々が普段好んで見ている動画コンテンツの因子をブリーフィングシートに織り込んでクリエイターにつくってもらう、という流れです。

横山：因子とは、具体的にどういうことでしょうか。

上坂：たとえばYouTubeには、動画のジャンルあります。ニュースなのか音楽ＰＶなのかバラエティなのかという因子です。あとは、それがどういう感情を想起させるかという感性に関する因子。さらに、アニメだとか実写だとか表現の技法の因子も。それぞれ、どの因子を活用しブリーフィングに組み込むかは、ターゲットや商品によって変えています。この点はまだ研究開発の段階ですが。

横山：テレビＣＭの仕事もきますよね。オンラインでの動画ＣＭと、開発プロセスは違うのでしょうか。

上坂：まったく異なると考えています。まず違うのは文脈ですね。オンライン動画はツッコミの余地が必要だったり、シェアされたりという独自の文脈があります。一方通行での配信に近いテレビCMとは違うつくり方をすることが多いです。テレビCMのクリエイティブをそのままオンラインで流しても効果は薄いので、最近ではテレビとは切り離して、オンラインで効果的な動画キャンペーンをやりたいという要望が多いですね。

横山：クリック数やコンバージョンなど、今までのインターネット広告の指標は「いかに刈り取ったか」を測るものでした。オンライン動画のブランディング効果を測る指標として「シェアされる」という指標は、広告主には受け入れられるのでしょうか。

上坂：まだ、指標としては確立していません。単純に一人あたりのリーチは、テレビの効果が一番高いですから。そうするとオンライン動画には、リーチだけではなくどれだけ人の心に響いたか、を求められることになります。その際に可視化できるのが、シェアやいいね！やコメントなどのエンゲージメントがどれだけされたかという指標です。たとえばブランドメッセージを伝えるための動画コンテンツがシェアされる目的でつくられている状況は増えています。弊社でも多くのバイラル動画を分析し、その表現手段をフレームワークとして活用し、シェアされる打率を高めるソリューションを提供しています。たとえば、「驚き」のようなビックリする要素や少し考えさせられる要素を盛り込めばシェアする可能性が高いなど、How to sayの部分をフレームにしてそれを土台に企画を進めます。佐藤さん、バイラルってどう思いますか？

佐藤：僕はバイラルというよりバズだと思うけど、それが露出を増やす目的であるなら、まったく信用していないんです。もう、ネット上で露出を増やすということの価値はなくなったと思います。シェアをたくさんされても視聴者は軽くスルーするし、めったな情報じゃ驚かない。たとえば東京の真ん中に住んでいるマーケターみたいに、ネットを駆使して能動的に情報を収集している人たちって、たぶん日本に3000万人いないと思う。2000万ちょいぐらいかな。それ以外の人たちは、ぼんやりテレビかタイムラインを見ている非常にパッシブな人たちです。そういう受け身な人たちには、「驚き」が効くんです。今まで通り、アテンションとインパクトの文脈が通用する。
でもネットを駆使して生活している層である2000万、3000万の人は、ものすごい情報量に囲まれて生活しているので、パッと見ても「ふーん」と思うだけで、それがどこの企業の情報なのかすぐに忘れてしまう。実際、昨日どんな動画を見たか、僕はまったく覚えていないんですよね。特に最近は、動画が自動再生されるので、余計に情報が流されてしまう。しかもこのタイプの人は、そんなに簡単に情報を受け取らない。脳みその容量が貴重なんです。2009年時点で、「人間は接触した情報の0・004%しか受け取れない」というデータもあります。ツイッターやフェイスブックが登場する前の時代でこの数字です。

しかし、ファンベースというか「友人、知人の投稿」なら、そんな人たちでも耳目に入ってくる。友人知人への共感があるからです。逆に言うと、せめて友人からの情報である、という共感がないと反応しない。自分とは関係のない人から動画がシェアされてきても、たまにタイトルで引っかかることはあるにしても、まずスルーします。認知を増やすとか露出を増やすって言っている限り、オンライン動画に関しては、そういう生活者動向を甘く見ている気がします。

上坂：バイラル動画は、まさにファンベースである、友人・知人から伝わっていくコンテンツにはなるのかなと思います。

佐藤：であるなら、やっぱり「驚き」じゃないと思うんです。インパクトはネットでガンガン情報収集する人にとってはもうウザい。情報で溢れている渋谷の交差点でギャーって大声で叫ぶようなものなんです。ウザいですよね。うるせえよボケっていう状態。

上坂：「驚く」というのは一つの要素でしかないです。たとえば問いかけが入っていて、すごく考えさせられたり、深く感動するような要素も人がシェアをする指針になります。このコンテンツをシェアする自分がいけてるでしょ、という自己顕示欲を掻き立てるものもあります。当然、「一発芸」や「驚き」のようなコンテンツもあるのですが。

佐藤：うーん、シェアレートの打率って言葉が出ている時点で、結局「認知狙い」だよね。僕は、情報過多な層に関して単なる認知や露出はほとんど効かないと思っているから、そこは話がすれ違うかもなぁ。

テレビCMとオンライン動画の文脈

上坂：シェアは結果として、ご指摘の通り認知を大きくする効果はあると思います。ただし、認知だけを求めるのであればYouTubeなどの広告のほうがCPVは安くなりますので、そう考えると認知のコスパは良くないですね。クライアントとしては、いわゆるエンゲージメントを意識されているのかなと思います。

佐藤：そういうシェアレート目的の動画で、エンゲージメントは生まれるのかな？

上坂： たとえばANAセールスがViibarで制作した5分半のストーリー動画の事例があります。30万回近く再生されたにもかかわらず、その半数が5分半のコンテンツを完全再生してくれました。広告ですがコンテンツとして見てもらえたということです。大半がスマートフォンでの視聴にもかかわらず5分半を完全視聴してもらえるのってすごいなと。サプライズを演出するドキュメンタリータッチのフィクションです。最後に「ANA旅作」の商品名がパッと出るだけで広告っぽくなく、あくまでもコンテンツとして見ていただいた方が多かった。視聴後にシェアしてくださる方も非常に多かった。

横山： こういうブランデッドコンテンツと、15秒や30秒といった尺が決まっている動画と両方つくっているんですよね。動画をブランデッドコンテンツ的につくるのと、テレビCM的につくるのと、なにかクリエイティブに違いはありますか？

上坂： ANAセールスの事例では5分半のコンテンツだけですが、他社のものだと尺が決まったものもつくっています。ブランデッドコンテンツは、クライアントがやりたいことを、できる限りガマンしていただき、視聴者の求めるものに寄せることがポイントです。そこをご理解いただいたうえで、つくっていくことですね。

横山：以前は、既存のテレビCMとトーン&マナーがあまりにも違うので、オンラインのアプローチで動画をつくっても、クライアントからNGが出ていました。今はテレビとオンラインの文脈の違いを理解してもらってからつくるということですよね。トンマナが違うからダメっていうのは、テレビCMとオンライン動画を別のものとして理解されるから？それとも、メッセージをCMほど盛り込めていないからですか？

上坂：両方ありますが、後者のほうですね。もちろん、全体のブランディングを優先して考えた時に、オンライン動画だけ浮いてしまうこともあるので、その場合はテレビCMとトンマナをどう合わせるかという話はします。

動画コンテンツそのものよりキャンペーン全体の構築が大事

横山：スマホやタブレットが普及する前は、テレビがパッシブでPCがアクティブというわりとシンプルな発想でした。スマホやタブレットが普及したあとは、ちょっと事情が変わりました。動画は基本的にパッシブだけど、YouTubeはかなりアクティブな面があるし、フェイスブックでタイムラインに流れてくる自動再生の動画はパッシブだと思うんです。要するに、単純にテレビがパッシブでオンラインがアクティブだと言えなくなってしまったという気がします。そうなると、動画を流すプラットフォームやどういう見られ方をするかでクリエイティブを考える必要が出てきているということですか。

上坂：「Made for media」は間違いなく考慮しなければいけません。たとえばフェイスブックやインスタグラムのタイムラインですとデフォルトが自動再生でパッシブな体験として動画が消費されています。一方でYouTubeでは検索して目的のコンテンツを視聴するアクティブな面が強い。この違いを考慮してコンテンツをつくる必要があります。

横山：確かに自動再生になってからずいぶんと印象が違う。情報がどんどん流れていってしまうし、気に留めなくなっている体感があります。自分で再生しようという能動性がなくなり、ただタイムラインに流れっぱなしのところに、どうやってフックをつくればいいのでしょうか。

佐藤：テレビCMはメディアが決まっているから、コンテンツのクオリティで解決することができました。しかし、コンテンツマーケティングの領域では、疑問です。これだけコンテンツが多い世の中で「CMや動画広告というフィクション」はほとんど見てもらえないと思うんですよ。

ノンフィクションならまだ見てもらえる可能性はある。しかし、これだけリアルで面白い話題がたくさんある中、フィクションで、しかも企業にとって都合のいいようにつくられているとみんな知っている。オンライン動画をつくるなら、もう少しキャンペーン全体の仕組みをオンライン上でもいいから考えるべきだと思います。

以前に、ある企業から悩みを打ち明けられたことがあります。オリンピックに合わせて大々的なキャンペーンを行い、テレビCMやオンライン動画で、かなり話題になりシェアされたのですが、それは売り上げにもファンの拡大にもつながらなかったというのです。要は、話題になったあとに、売り上げにつなげる方法や、ファンの獲得、継続的なブランディングにつなげる方策をとらなかったんですね。「もう瞬間的なリーチだけでは意味がないんじゃないか」と言っていました。僕も同じことを思っています。

企業の課題はコンテンツ一つで瞬間的に解決できることじゃない。見られる、見られない、ということも重要ですが、コンテンツをつくるならば、コンテンツを含むキャンペーン全体のアトリビューションを、リアルとオンラインでどう構築するかのほうが大切です。それを露出量で実現しようとするからウザく感じるのだと思います。

動画コンテンツの評価はプラットフォーム次第

上坂：我々は先ほどのバイラル動画のようなものをスター動画と呼んでいて、いわゆる認知を得るファネルの上流に効果的なコンテンツと整理しています。多くのクライアントが、スター動画の制作を希望されますが、それだけで課題が解決するわけではありません。たとえばお客さんがサイトに訪問した時に、その方の助けになるような説明がしっかりあるヘルプの動画や、ハウツー動画も提供するなど、各ファネルでの効果的なコミュニケーションの実現のために、適切な動画コンテンツの提供を行っています。

佐藤：バイラル動画は本当にスターなのかな。僕は、広告っぽい動画を最初から見ないし、途中で気付いたら消しちゃう。要するに友達だと思って付き合っていたのに、実は保険の勧誘だったということと同じ。広告はネット上でそのぐらい嫌われていると思います。まずは、嫌われない、ということも大事だと思います。

騙してやろうとか、見せてやろうとか、買わせてやろうとか、そういう匂いがするとみんな離れる。「囲い込む」とか「刈り取る」とか「吸い上げる」とか、ああいう生活者を人間と見ないような言葉を使う人たちがそういう匂いを発散させるコンテンツをつくってますよね。視聴者は敏感ですよ。なんだろう、あの敏感さ。今までの広告って「騙しの文脈」があったと思うんですよ、「騙してでもいいから一回買わせる」みたいな。今はそれがまったく通用しなくなっていますよね。

横山：テレビの場合は「ＣＭってそういうもの」という暗黙の了解がありましたからね。

佐藤：よくよく考えたらテレビで「下町ロケット」を見ていて泣きそうな時に、いきなりＣＭが入るのって失礼なんですよ。でも慣れちゃっているんです。これをネットでされたら、視聴者の反応は違うでしょう。超怒ると思う。そのように、ＣＭ的な動画コンテンツの評価は、プラットフォームに左右されるんです。

動画の役割とクリエイターのタイプをマッチングする

佐藤：オンライン動画はもっと目的を絞ったほうがいいと思います。すべてをコンテンツのなかで解決しようとせずに、一定期間内のキャンペーンや長期のエンゲージのどこで機能させるかを考えるべきだと思います。先鋒動画としんがり動画があって、間にもいろいろな役割の動画があるように。

たとえば、先鋒はネットを駆使するタイプじゃない人たちに向けて拡散を狙って、次鋒はその拡散で友人知人からつながった人たちとエンゲージをするような動画。先鋒は5秒の動画でもいい。エンゲージのためには共感する動画、商品を買う直前の人にはユーザーボイスの動画、というように動画コンテンツの目的を細分化できると思います。オンライン動画は万能じゃないので、もうちょっと役割をシビアに決めて、そこにデータを使うのがいいような気がしますね。そういう全体設計をクライアントに話しておかないと、万能な動画を求められて大変になると思います。

上坂：しっかり商品説明をする動画やユーザーボイスの動画には、視聴完遂率やCSの受電数の現象などの指標のほうが、当然シェアレートより重要ですよね。目的がまったく違うので。

佐藤：クリエイターにも得意・不得意があります。一発で目立つ動画をつくるタイプ、長尺でエンゲージする動画をつくれるタイプなど。そうすると、様々な役割の動画を一人のクリエイターに任せるのは不適切ですよね。やはりクリエイターはタイプ分けしたほうがいい。データをつかって、ロジカルに制作してほしい。

横山：たしかに動画を使ったキャンペーンは、個人戦じゃなくて団体戦ですね。

佐藤：テレビCMの場合は、一発すごいのがあればいい。テレビはでかい拡声器というかゴジラみたいなでかい存在だから。大声で「ワーッ」と叫べばいい。しかし、ネットはゴジラじゃないからね。戦略が大事なんだと思います。

データはもっと顧客のために活用されるべき

上坂：今まで、商品説明の動画コンテンツにデータを活用することは、あまりありませんでした。その手の動画で、クリエイティブや演出によって有意な差が出るとは思われていなかったのかもしれませんが、最近、依頼が急に増えています。昔からある説明ビデオやマニュアルビデオの映像はこれまで、あまり進化してこなかったと思います。そういったところにデータの余地があると考えています。

佐藤：データをもっとパーソナライズに活用してほしいですね。極端に言うと「佐藤尚之様宛」という感じでサービスが欲しい。AKB48のすごいところは、メディアに大量露出するだけでなく、半日以上かけて握手会というone to oneコミュニケーションを実施しているところ。一人ひとりの目を見て話しかけながら。こういったことってネットでもできると思います。

横山：以前に「コミュニケーション投資の配分」ということを考えていたことがあります。買う寸前までの関係ができているターゲットには、もっと単価を高くコミュニケーションしてもいいのではないかという、ブランドと消費者のコミュニケーションのあり方です。まさにファンなんだから、もっと大切にしてもいい。データを分析すれば、実際にお金を使ってくれているかどうかがわかる仕組みはいくらでもありますから。

佐藤：以前、タイ人のゲーマーがネット上で叫んでいましたね。「毎月一万円使っているのに、なんでガチャが当たらないんだ！俺は一生ソーシャルゲームなんかしないぞ！」って。たくさんお金を使ってくれている顧客だってことは、わかるはずなんですよ。それなのに、なんでこんな優良顧客を喜ばせることをしないのかなと。

横山：僕も同じような経験があります。年間で数十万円は使っているお気に入りの洋服屋があるのですが、お正月の福袋が僕の前で売り切れたことがあったんです。せっかく並んだのに。ロイヤルカスタマーにこの仕打ちはひどい（笑）。福袋を買った人たちの大半は、継続的な顧客にはならないでしょう。なんで、優良顧客用に予備を用意する、という発想が浮かばないんでしょうね。「日本は人口減少社会だから、ライフタイムバリューを上げなくてはならない」と言っている割に顧客視点ではなく、まだ商品視点で止まっている企業も多いようです。

動画広告はデータによってどう進化するのか

横山：動画広告に関するコンサルをする際は、クライアントに「予備予算を1割ぐらい持っていなさい」と言います。オンライン動画は、消費者とのキャッチボールです。動画に反応して返事をしてくれているのに、予算がないから投げ返せません、というのが一番残念でもったいない。そのための予備予算を絶対持つべきです。返事がくることをシナリオとして最初から組み込んでおくのも大事ですが、反応に対してその場で投げ返し方を考えるのもアリだと思います。単発で終わってもいいテレビの世界と、データを活用して関係性を築けるインターネットの世界。やはり消費者との関係性をフォローできないと意味がないですから。

上坂：当たり前のことですが、目的によって活用できるデータは異なります。たとえば、マニュアルやチラシのような今まで動画化されてこなかったコンテンツがどんどん動画化してきていますが、この辺りのコンテンツにデータを活用できたら、非常に面白いと思います。伝達効率を高めることができるようになると思います。

一方で動画広告では、すでにコンテンツがインターネット上にあふれている前提で、いかに心地よく受け取ってもらえるのか？について、データが活用されていくのだと思います。

佐藤：お二人が言われたことに近いと思いますが、テレビCMとオンライン動画を見ている人はまったく違う。そこをもっと自覚しないといけないでしょうね。テレビだろうと、オンラインだろうと「動画」と一括りにしてしまうのは危険だと思います。

また、テレビCMよりはオンライン動画のほうが長く付き合えるコンテンツなんです。データって、「買わせる＝刈り取る」ためにあるものだと思われがちですよね。「刈り取る」というのは本当に嫌いな言葉で、消費者を一人の感情ある人間として見ていません。日本では人口が減少し、寿命が延びているのですから、一人と長く付き合う前提で、データを取得し、取り扱ってほしいと思うんです。たとえば、僕と上坂くんが好きになったり嫌いになったり、そういう波があって、だんだん親しくなっていくような。人間ってそうですよね。企業や商品もそういう関係だと思うのです。データを取得し、長期的に使用していく時にこそ、オンライン動画が機能できる気がしています。まだ「動画を一発流してバズらせる」という文脈でしかオンライン動画は語られていません。戦術やキャンペーン構築の話などいろいろありましたが、もっと違う文脈があるはずです。データを活用し、1年ぐらいの長い付き合いを経たうえで、たとえばこのハンバーガー屋の近くで、サイネージ動画が優しく背中を押すみたいな、新しいデータと動画の世界があると思うんです。テレビCMでは、それはできないですよね。今後はデータと動画によって、オンラインとリアルがもっとつながっていくと思います。

第5章

「ＣＭを科学する」の向こう側

スマホや搭載カメラを通じて「人のこころ」のデータが流通しはじめた

「CMを科学する」という知見を深めることは、実はマーケティングの世界だけに留まらない未来の大きな広がりを考えることになる。CMを科学し、その向こう側を探る動作は「人間のこころや感情を読み取る」作業だからだ。視聴データの中には、「人間のこころ」というマーケティングデータの「原石」、経済原理の根幹がずっと埋もれていた。以降、CMを科学することで見えてくる、ビジネスの更なる広がりを見ていこうと思う。

これまでのマーケティングの「量的 or 質的」分析における質的調査の方法といえば、どんなにネット経由の調査方法が進化しようとも結局「人に直接アンケートやヒアリングする」という方法が主流だった。66ページ「無理やり見せて意見を聞く調査の限界」でも触れたが、人の主体意志を本人から能動確認する方法で、無意識下の行動や感情は置き去りであった。テレビCMについての質的調査も同様で、まずはクリップ・ビデオを見せて「面白いか面白くないか」を聞き取る調査が主。脳波や眼球を計測する方法はあれど、手間と時間とコストから広く利用されることはなかった。

ところが、テクノロジーの進歩、コストダウンにより一般ユーザーの手元に搭載カメラや操作デバイス（リモコン等）が出回るようになり、生体認証（人の動きを読み取る）などによる「人の行動・感情データ」がプログラマティックに取得可能なレベルになってきた。人間の持つ最高のコミュニケーション・デバイスである「表情」というスクリーンを、機械のカメラが読めるようになってきたのだ。マーケター目線で挑戦してみるべき生体データと、マーケターが組むべきテクノロジー企業の示唆という視点でいくつか事例を紹介する。

現在、手が届く生体データとは

同じ生体認証でも、脈拍や脳波を使ったデータ収集は、消費者側にデバイスを「装着」させる手間が大きな距離となって存在する。一方「表情」は、デバイスを「なにも装着することなしに」遠方からカメラで、かなり精度の高い情報として読み取れる。スマホ、PCを筆頭にカメラという「眼」が装着されて広がっている「インフラ」状況を活用する時代に移った。

余談だが、人間の表情から心のメッセージを読み取るという機能は、ＩｏＴ時代に向けて「機械と人間」の中間に立つ大きなインターセクションの一つになる。この「眼」という装備が各デバイスに低価格で広がり続けるのは、ＩｏＴ時代が待ち望んだ必須の基幹インフラだ。「モノとインターネットがセット」になったＩｏＴ製品は、人がモノやサービスを便利に「使いこなすため」というのが出発点であった。ところが現在ではさらに進んでＩｏＴ開発のコアは、モノが「人の動向や感情を読み取る」ことに移動している。ウェアラブル端末が広がると、さらに「人のデータ」の用途が広がる。コンビニや書店での監視カメラ程度で騒いでいてはいけない。モノが人を読み取る「眼」は拡散し続けているのだ。「感情」のデータがマーケターの理想である「全数系」データの蓄積に近づくために、やっと一歩を歩みだしたのだ。

グーグルの検索アルゴリズムやアマゾンのレコメンデーションエンジンは、「過去のデータから」人の動向（未来）を予測する設定であった。そのグーグルやアマゾンの築いた過去分析の時代を超えて、大量に流通した「モノの眼」を通して、次はモノが人の「今」の「心」を読み取り、情報を提供すれば、モノと人が会話をしていくことになる。集積したデータを人工知能が学習して、最適な判断（施策）を人間側に戻し、提供する日も近いだろう。

マーケティング業界におけるニューロサイエンスへの投資

そのような流れで、2015年は実際にマーケティング&調査企業によるニューロサイエンス（認知神経科学）部門への投資・データ蓄積が顕著であった。テレビ視聴データを収集する米ニールセンは2015年にニューロサイエンス分野のインナースコープ・リサーチ社を買収した。自社既存のニールセンニューロを統合し「ニールセン コンシューマー ニューロサイエンス」と改名してグローバルサービスを展開する。ニールセンは同様にニューロサイエンス企業のニューロフォーカス社を2011年に買収している。

電通も2015年にニューロサイエンス領域に強みを持つ米フォーブス・コンサルティング社を買収した。傘下のメディアエージェンシーのカラ社が持つ調査部門コペルニクス社と統合させている。さらに、WPPグループでは調査部門のリード企業・カンターグループの中のミルウォードブラウン社がニューロサイエンスでのデータを蓄積している。2012年に資本注入をしたスタートアップのアフェクティーバ社（総ファンディング約24億円：2000万ドル）の顔認証・眼球認証の技術を使い、CMやビデオ視聴に対する質を計測している。

調査のトレンドを捉える意味で、グローバル「メディアインベストメント」No・1のWPPが米アフェクティーバ社（以下アフェクティーバ）へ行った投資を紹介する。WPPの動向は、グーグルやアマゾンという巨人を筆頭ライバルとしつつ、コムキャストNBCやディズニーABCなどの大手メディア企業や、P&G、ユニリーバ、コカ・コーラなどのグローバル・マーケターの「行動生き写し」であるからだ。

投資対象の技術はグローバル普及できるものか

ＷＰＰの技術投資の判断基準は「グローバルで提供するサービス」が基礎となる。すでにＷＰＰ傘下の調査会社ミルウォードブラウン社のZappiStore.comでは、グローバルで「オンライン上でＣＭのサンプル調査ができる」プラットフォームが用意されていた。しかしこれもサンプル視聴者に対する能動的な「面白かったか」を求める調査方式のプラットフォームであり、人間の無意識の反応に関しては入手できていないテクノロジーであった。

そこでミルウォードブラウン・ＷＰＰは、２０１２年にアフェクティーバに一部資本を注入し、生体認証の技術の導入を開始した。自社の持つZappiプラットフォーム上でデータを合わせて分析できるサービスとして強化を行った。マーケティングデータ&リサーチ企業に限ったことではないが、テクノロジーを「自社開発」し、クローズドで所持する企業組織は開発のスピードがどうしても遅くなる。一言でいえば、企業体として重たくなる。それに対してＷＰＰはシード段階を超えた外部技術の動向に明るく、テクノロジーを持つ企業には外注先として扱うより自社資本を入れ、内部サービスとして同時に育てたのちに、最終的にはキャピタル・ゲインを取るビジネスに長けている。

一方、調査専業のニールセンは２０１１年にニューロフォーカス社を１００％買収し、４年後にインナースコープ社を１００％買収して統合した。ニューロフォーカスは脳波（ＥＥＧ）測定に強みを持っており、調査手法はラボ単位（研究所でのローカル調査単位）。拠点数は世界主要都市に広がるが、グローバルに束ねる単位程ではなく、スケールデータを取るにも人的労力が多い。その買収したインナースコープ社がようやく、「ウェアラブルベルト」を開発し、測定がラボ内部でのテレビ視聴だけでなく、ラボの外に出た店内や劇場などでの自然な行動上での結果を収集することを試みようとしている。

しかし、インナースコープの装着ベルトも、端末を被験者に「仕掛ける・装着する」手間が存在するのは変わらない。一時期の鎧《よろい》のような装着機材に比べ進化したとはいえ、これでは依然データとしての即時性やスケーラビリティーが取りにくく、一般普及スタンダードの先頭集団とは言えない。ニールセンが提供しようとするニューロサイエンスの

ニールセンとインナースコープ社による装着デバイス　（図5-①）

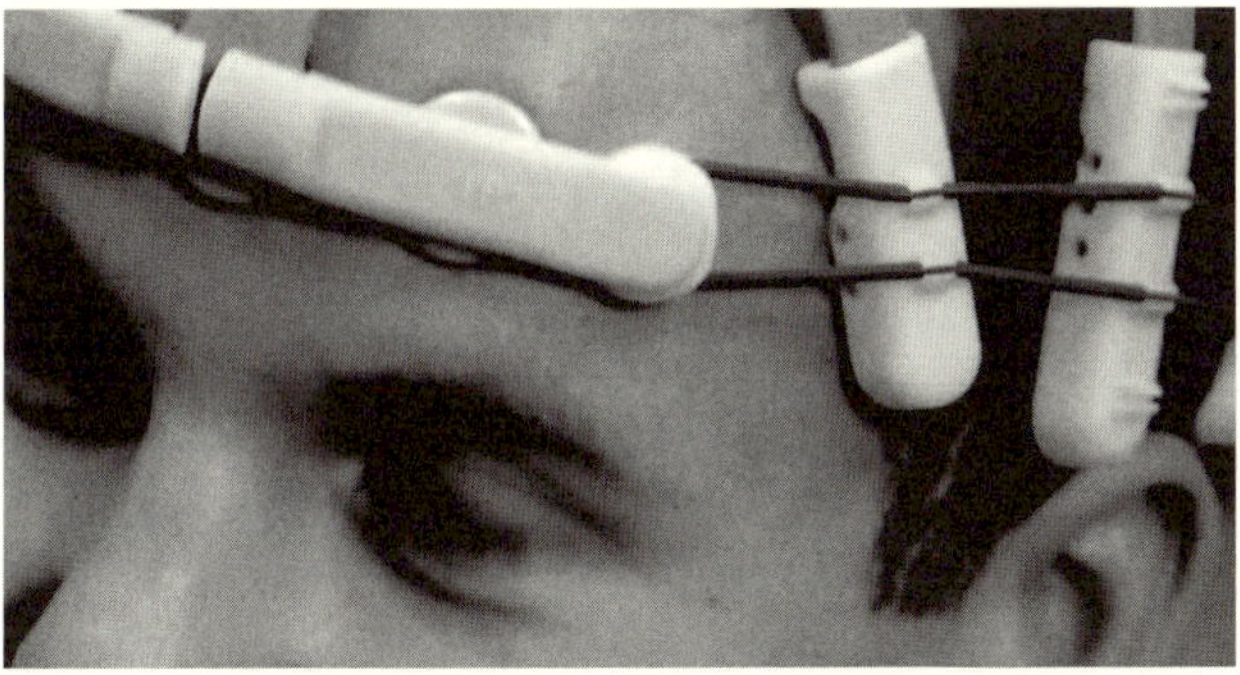

出典：http://www.forbes.com/sites/rogerdooley/2015/06/03/nielsen-doubles-down-on-neuro/

データは、あくまでデータの販売先（顧客）の軸足が「テレビ局」に留まっているように見え、テレビ画面を基軸とした調査メニューだ。日本でも同様の技術や調査手法が流通する夜明けである。マーケター目線で投資する（付き合う）技術や、その調査企業のメニューが「どっち向き」なのかは、最低限見破っておいたほうが良い。（図5−①）

フェイシャルコーディングの老舗、リアルアイズ

もう一社、アフェクティーバの同業テクノロジーも紹介する。ロンドンに本社を持つリアルアイズ社も2015年4月に4・6億円（390万ドル）の資本注入をヨーロピアン・コミッションからグラント（研究補助金）として引き出すことに成功した。2007年にスタートアップとして立ち上がったリアルアイズは、社員40名、フィリップス、P&G、AOL等での利用実績済みだ。

EUエリアは特にプライバシーポリシーの基準が厳しい。厳しいあまりにスタートアップがチャレンジしにくい環境になる可能性があり、ヨーロピアン・コミッションは「支援」という形でリアルアイズに資本注入している。すでに大手調査会社IPSOSと顔認証の検証は2014年のカンヌでも公開し、先行をしていた。しかし2015年にはそれ以上の成果が現れず、米国をベースにするアフェクティーバに抜き去られた感がある。これは、同じ顔認証技術でも、「ビジネス視野」をどこに向けるかで成長の「伸びシ

リアルアイズのカンヌでの表情認証のデモ（2014年）　（図5-②）

出典：https://www.realeyesit.com/cannes-lions-2014

ロ」がわかれたと言ってよい。リアルアイズはマーケティング上でのクリエイティブ・テスト会社として立ち上がっている。コンセプトがビジネスの大海原の中の「調査」「マーケティング」部門と限定的だった。ところが、アフェクティーバのビジネス視点は、技術用途は外部会社（ミルウォードブラウンなど）に任せ、自社では他産業への応用を広げることで「顔認証」のスタンダード化を狙った。ＳＤＫを公開している所がその証である。アフェクティーバの技術は医療、教育、スマートハウス、ゲーム分野などに広がっている。（図５－②）

Ｗｅｂｃａｍを使って、表情からコードを読み取る

アフェクティーバの技術は「Ｗｅｂｃａｍを使って目の前のユーザーの感情を読み取る」という、言ってしまえばただそれだけの技術である。簡単で想像がつく技術だけに汎用性が高い。この技術だけで、「誰が観ているか」（オーディエンス）と、「どの程度専念して観ているか」（注視度合い）、「どんな反応をしているか」（表情分析）がカバーできる。

考えるべくは、質データの蓄積方法だ。まずはマーケター自社のマーケティング・メッセージ（ＣＭ）データを応用するとして、単なるＡ／Ｂテストに終わらせない方法を構築する。たとえば「購買」に至るまでの行動変容をもたらすことをＫＰＩ数値とするならば、ターゲットユーザーが反応する表情要素（因子）はなにか。どのようなシグナルを導き出せばＣＭとしては合格なのかを「自社流」で知見を貯める必要がある。さらに店頭やイベントでのプロモーション技術としての応用も考えられるし、実働ビジネスにも応用が利くはずだ。日本発で生体情報を使ってビジネスを考える場合、「どこに投資力点を置く

アフェクティーバのAffdexの、PC接続のWebcamでの測定 自分でできるデモが公開されている（図5-③）

https://labs.affectiva.com/superbowl/

上記リンクより

1）Affdex Your Voteを押して、Watch Nowを押すと、

2）Webcamのセットを「許可」にして、

3）OK, I'm readyを押してください。

4）視聴後に、性別年齢、過去の視聴があるか、公開して良いかを選択

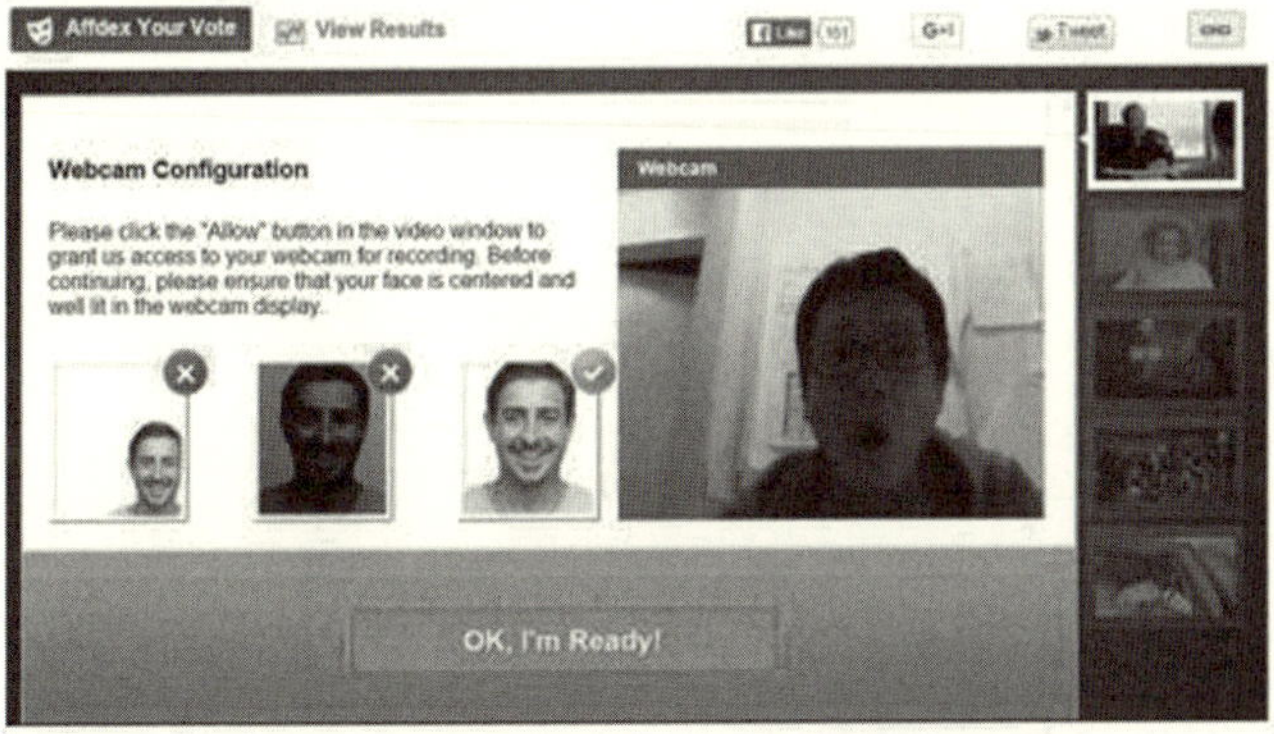

出典：https://labs-portal.affectiva.com/portal/web-demo

か」を広い視野で決めて欲しい。

アフェクティーバはデモを体感しやすい環境をつくったことで、オプトイン同意者の顔の分析サンプルを世界75ヶ国から収集し、290万のビデオが集まった。すでに表情ポイント（顔を構成するポイントのサンプル）は累計120億ポイントが集まり、スケールとしては充分な量が揃った。グローバル1400のブランドが利用済みである。個人情報の観点から必ずオプトインでの情報分析を行い、個人データとしての蓄積は行っていない。（図5－③）（図5－④）（図5－⑤）

アフェクティーバのフェイシャルコーディングによる読み取りデモ結果　（図5-④）

①笑顔のバランスがくずれ、下がる　②笑顔表現が最高潮
③瞬きに混乱が見られる　④眉が僅かに上がり驚きが見られる

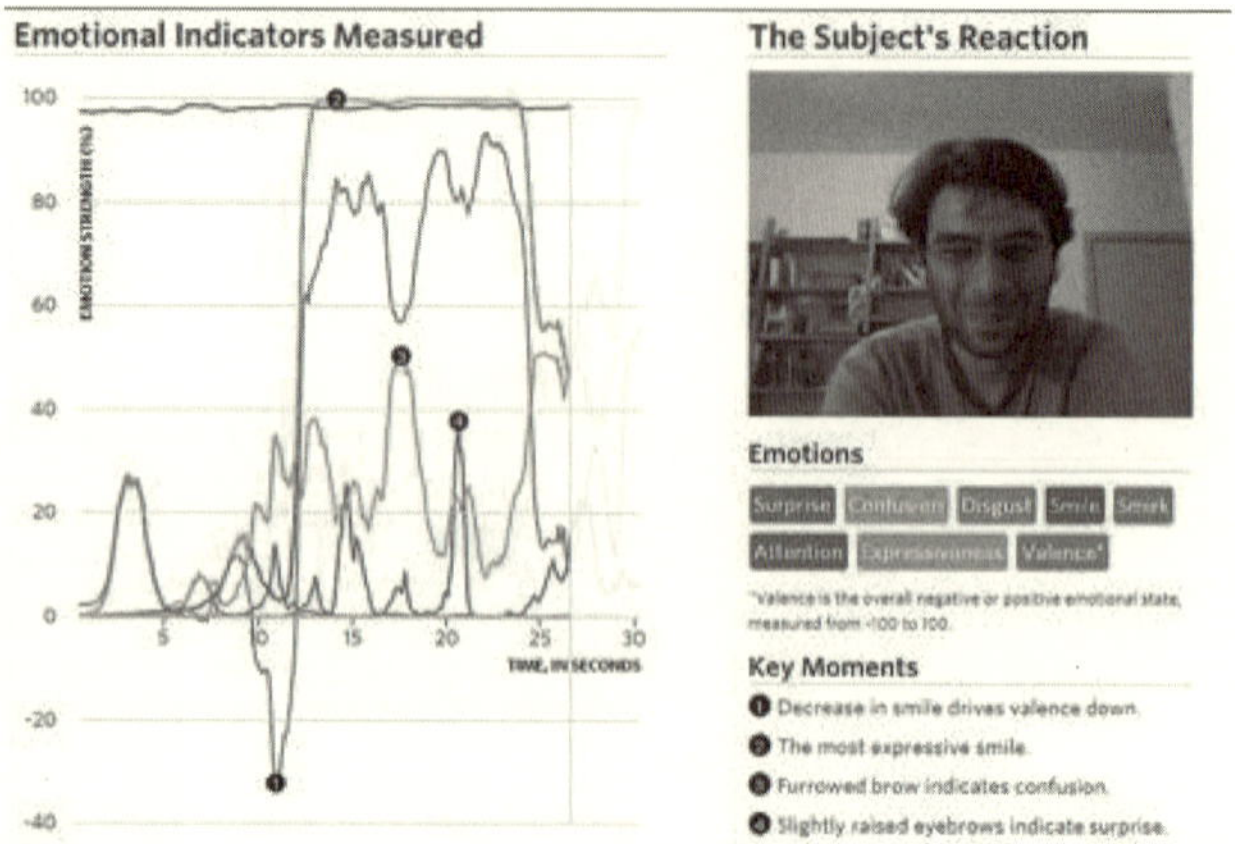

出典：http://graphics.wsj.com/data-mining-of-emotions/
上記サイトでは、実際に表情の移り方によって、機械がどう読み取るのかが見られる

アフェクティーバの Facial Action Coding System　（図5-⑤）

細かい45視点の組み合わせで計測するが、
主には眼のまわり、鼻のまわり、口のまわりの3カ所が重要だ。

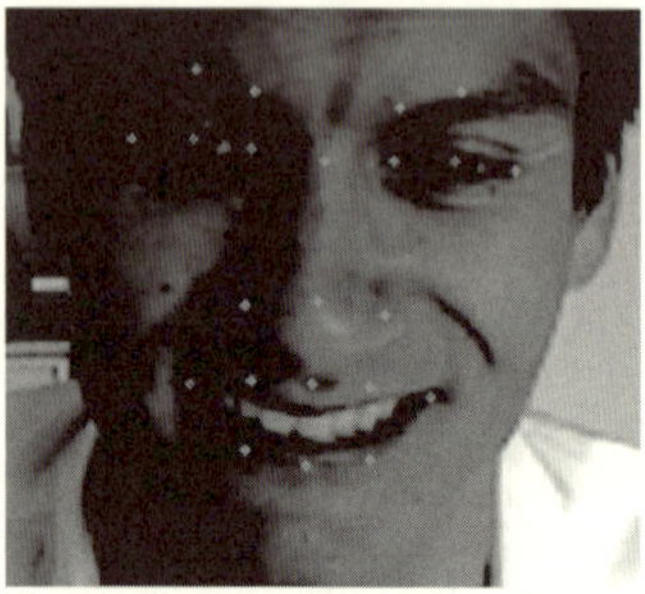

Figure 4 - Face Detection

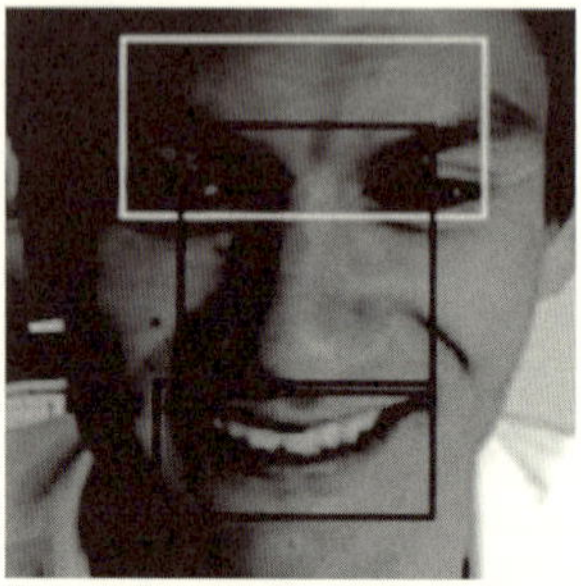

Figure 5 – Analyze Key Regions

出典：http://www.affectiva.com/wp-content/uploads/2014/09/Whitepaper___Exploring_Affdex_Classifiers.pdf
http://www.affectiva.com/wp-content/uploads/2014/09/White_Paper___Automated_Facial_Coding.pdf

アフェクティーバのビジネスとしての将来性

ＣＭやビデオに関する人の感情データを調査し、人の感情に合わせて人の行動に変化をもたらすゴールを設定し、企業の販促やブランディングを行う。この一連のマーケティング上の流れは、テレビＣＭに限らずほかの様々な産業にも応用ができる。

たとえば、

・言語障害の人の気持ちと感情を読み取ることで医療に活用する
・オンライン学習上の子供の表情から達成度や学習スピードを調整する
・腕時計や自動車がドライバーの疲れを読み取り安全運転を促す
・冷蔵庫が目の前のユーザーのストレスを読み取り食事メニューの調整をする

など、活用の幅は広い。おそらく、オンラインゲームでの表情の活用はまもなく登場するだろう。

アフェクティーバ開発者＆創業者の ラナ・エルカリウビー女史

（図5-⑥）

TEDで講演をする程の有名人だ。
人の感情を読み説くことに関しては女性が繊細である可能性を示唆する。

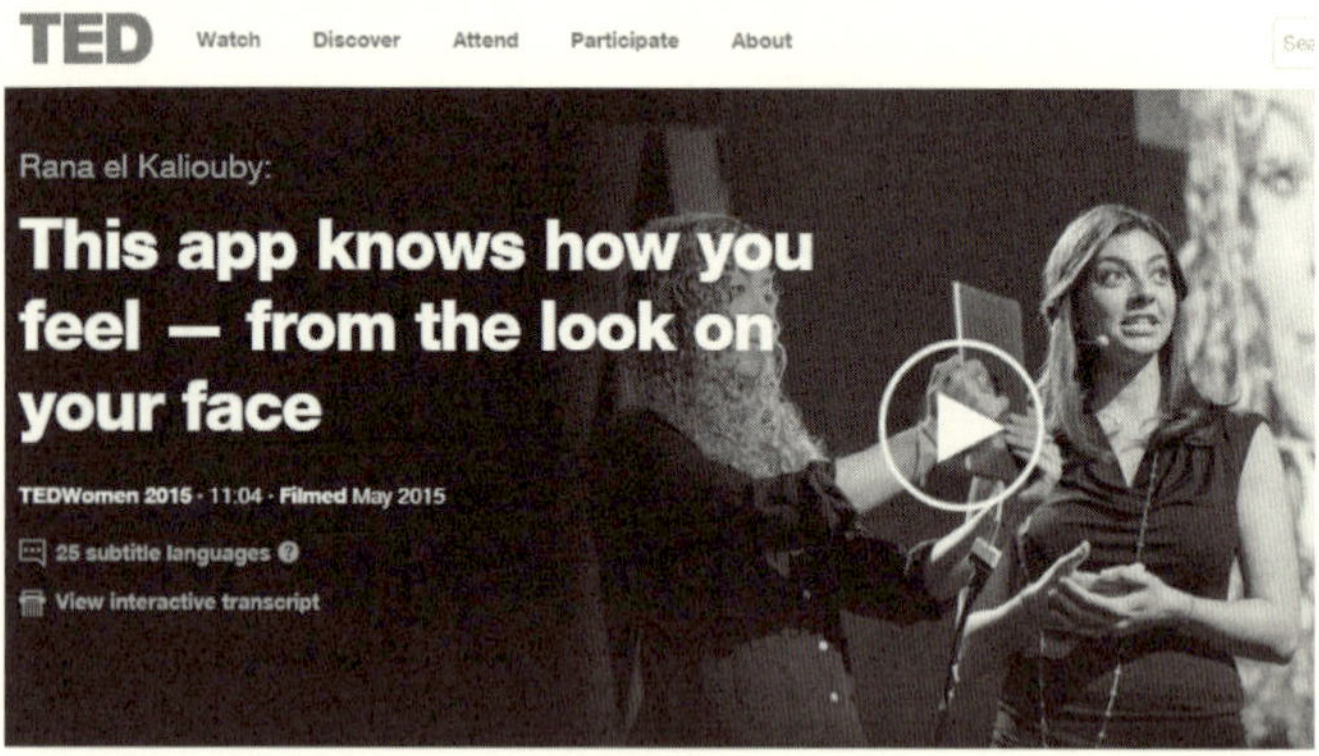

出典：https://www.ted.com/talks/rana_el_kaliouby_this_app_knows_how_you_feel_from_the_look_on_your_face

開発者&創業者のラナ・エルカリウビー女史はケンブリッジ大学でPhDを取得後、マサチューセッツ工科大学（MIT）で自閉症の子供たちの会話手段を研究し、そこで開発したのがアフェクティーバであった。アフェクティーバは2020年以降にはすべてのデバイスに感情チップとして標準装備されるようになることを想定すると、自社だけですべての可能性の実現や開発はやりきれないと判断。アフェクティーバはIoT世界での多様性に貢献できればと考え、SDKを開放しパートナーベンダーを開発している。リアルアイズ社との差はこのビジネス視野であり、WPPが投資したのはアフェクティーバ経営者の目指す将来性の部分であったのは間違いない。（図5－⑥）

（図5－⑦）はMITで行ったデモンストレーション大会の日にアフェクティーバへ接触してきた企業群である。フェイシャルコーディングの技術はマーケット・リサーチ分野

（図5-⑦）

マーケット・リサーチ	ビジネス・プロセス
Dentsu	Bank of America
DNP	Canon
FOX	Intuit
Hallmark	NTT
P&G	Schlumberger
Pepsico	
Time	
エデュケーショナル	**コミュニケーション**
Microsoft	LG
Yamaha	Motolora
ロボティックス	Nokia
Disney	Samsung
Honda	Telecom Italia
NEC	

生体認証のスタートアップに接触する企業群

にとどまらず、さらに広がるポテンシャルを持つ。きちんと先を見ている企業が並んでいるのがわかるだろう。今後、この分野は政府系の関与（プライバシー管理）がさらに高まり、世間での注目は賛否両方を含めて集まる分野だ。ＣＭを科学する向こう側で企業体としてどのような一次データを集積し、サービスを提供するのかを考える必要性を提示した。「人のこころ」を見極めることは、マーケティング目線を超えた発想が欲しいところだ。

人間の意思決定のバイアスに食い込む

さて、話は変わるが、生体反応データは、どれほど人のこころを表しているのか。これまでの話を踏まえ「衝動買い」データと「慎重買い」データの存在（違い）について考察してみよう。

人の顔の表情から心理を読むとはいえ、認知がない商品から購買行動へ心を動かす因子を見つけたり、ブランディング上の「気持ちの醸成」のプロセスを解明したりすることは、未知なる世界である。表情が喜んだからといって、商品を買うわけではないのは簡単に想像がつく。あるいは「笑わせるブランド」と、「微笑んだだけのブランド」で、人がどちらにブランド価値を見い出すかは「聞いてみないと」わからない。人の意思決定には「歪み」も存在する。

２００２年にノーベル経済学賞を受賞しているダニエル・カーネマン氏が提唱したプロスペクト理論と、それを含む行動経済学は「人の意思決定」における歪み（偏り）を提唱したものだ。名著『ファスト＆スロー』（早川書房）から、人の二つの行動をおさらいしておく。認知下の行動と、無意識下の行動の特徴だ。

「ファスト＆スロー」とは

ダニエル・カーネマンは、人の脳機能（行動）には右脳と左脳という分け方だけでなく、爬虫類脳（直感）と人間的な脳（理性）という二つの脳（行動）モードがあると言う。前者を「速い（ファスト）思考」、後者を「遅い（スロー）思考」と呼び、ここではわかりやすく前者を「システム1」による行動、後者を「システム2」による行動と称す。これを使って人がどのように意思決定し、そしてどのように間違えるのかのメカニズムを説いている。「システム1」の直感は便利だが、多くの間違いを含む。これに対し「システム2」の理性は論理的に「システム1」を制御する役目なのだ。ところが「システム2」も勤勉ではなく、度々「システム1」に振り回されている。フェイシャルコーディングで読み取るのは「システム1」であるが、「システム2」の理性部分の調査を加味して結果判断をする必要がある。特にブランド価値を追求する場合は、販促効果を考える場合よりも、さらに「システム2」の部分を探ることになるだろう。

「システム1」とは、たとえば「2×2＝」の式を見た時に、瞬間的に「4」と答えられるモード。ところが「34×12＝」となると暗算ではなかなか難しい。この難しいと感じた時に動かしている脳が「システム2」だ。「システム1」は自動的で高速に動き、省エネで自分が動かす努力すら必要ないが、自分でコントロールしているという意識もない。一方「システム2」の働きはいわゆる「頭を使わないと」解決できない困難な知的活動に割り当てられる。フェイシャルコーディングが読み取るのが得意なのは「システム1」での動き。しかし眉をひそめるような熟考のシグナルは「システム2」が作動している、と考えられる。

「システム1」はほかにも「チェスの名手が素人相手に次に打つ手」「消防士が火事場で判断するとっさの第六感」「空いている道路での車の運転」「突然聞こえた音の方角を感知する」などと同様だ。ところがこの「システム1」には様々なバイアスがある。「ハロー効果（白衣の演者が登場すると、医者に思えて信用してしまう）」、「カラーパス効果（自分の買った車には注意がいくが、ほかは目立たなくなる）」、「最小努力・フロー（過去の記憶のイメージで、ショートカットした法則を考える）」、「プライム効果、アンカリング効果（直前の刺激に引っ張られやすい）」など、ほかにも様々なバイアスが認められる。

ＣＭはこれらを駆使した「心理学のオンパレード」であり、「システム1」に畳み掛ける仕掛けが満載だ。その意味でフェイシャルコーディングから反応を読み取るのは理にかなっているかもしれない。しかし、人間の行動は「システム1」で動かされる「衝動」だけではない部分がある。これが「システム2」の「理性」の働きだ。たとえば、パソコンを衝動買いしようとした時に「本当にこれを買っていいのか？」と思う働きである。「慎重買い」を抑える理性の心理だ。消費行動はこのような「システム1と2」が共に作用しあってなされる行動なのだ。

女性の胸元が見えるＣＭを見て、男性被験者から笑みが漏れたとしても、「システム２」は「ならぬならぬ」と「逆の」反応をすることも考えられる。あるいは、美味しそうなケーキのＣＭを見て「システム１」が作動しても、「システム２」は健康を考えてサラダを選んでしまうかもしれない。理性と感情は相互に意思決定に作用する（並列に作業する）。マーケティング理論の「二重過程理論」だ。

ここではアフェクティーバのフェイシャルコーディングの技術にフォーカスを当てて紹介したが、この技術が「システム１」だとすれば、「システム２」と相互作用で判断する役目が調査会社のミルウォードブラウンである。ミルウォードブラウン社の存在価値は、販促ＲＯＩを引き上げることではなく、ブランド価値を高めることに企業としてのＫＧＩ（※21）を置く。先に紹介したZappiStore.comのプラットフォームサービスを窓口として、最終的にはBrandz（ブランズ・ブランド価値測定方法）での評価を長期的に積み上げることを目標とする。フェイシャルコーディングを含むＣＭの調査は、長期ブランディングのほんの一因子である。ブランディングの見地からは、まったく未着手であった新因子が一つ加わった、と考えるのが良いだろう。

※21
KGI…Key Goal Indicatorの略。重要目標達成指標のこと。組織やプロジェクトが到達すべき目標を定量的に判断するための数値。

現場レポート⑤

デモグラフィック×〝モード〟で考えるスマホ時代のメディアプランニング

マーケティングのど真ん中にいかにデジタルを組み込んでいくかという議論がよくなされている。日本企業のマーケティングのど真ん中と言えば、テレビCMだ。このテレビとデジタルが融合してこそ、真のデジタルマーケティングが完成する。

ここでは、人口統計学的属性（デモグラフィック）と広告の視聴モードに着目し、スマートニュース執行役員の川崎裕一氏と「スマホ時代のメディアプランニング」について考える。

宣伝部の本流にデジタルを取り込む

横山： 僕はテレビCMにデジタルを取り込む方法論には、三つのステップがあると考えています。近年の宣伝部を取り巻く課題の一つに、若年層にテレビCMだけではリーチしづらくなっているという状況があります。これまで、テレビで行ってきたブランディングを目的とした広告をオンラインで補完する必要が出てきている。僕がオンライン動画に着目するのは、ブランディングと親和性が高いのは、やはり動画だと考えているからです。だからこそ同じ指標で両方を捉えておくべきなのです。

テレビCMで獲得できなかったターゲットリーチをオンライン動画で補完する。今はまだ、テレビが主でオンラインが従の関係で捉えていますが、すぐにこの関係は逆転しかねない。今のうちに、デジタルへのシフトを進めるべきです。

二つ目がフリークエンシーのコントロールです。テレビと違い、オンラインの広告はフリークエンシーをコントロールすることが可能です。これまでオンライン広告のフリークエンシーコントロールは、あくまで、フリークエンシーキャップの議論でした。これをもっと戦略的に活用していくべきだと考えています。

テレビだけだと、GRPの投下量を増やすだけでは高齢層中心に過度にフリークエンシーが集中してしまうだけ。オンラインならではのターゲティングの機能を活用し、たとえばテレビでリーチできなかったターゲットを狙って、広告を出すなど、適切なターゲットで適切なフリークエンシーを獲得していくことも可能になっています。

三つ目はテレビCMとオンライン動画の相乗効果の醸成。購買意向などはテレビCMだけでは促進しづらくなっています。テレビCMは、より多くの人に響くようにつくろうとするので、結果的に誰にとっても強く刺さるものではなくなってしまいます。その点、オンライン動画であればユーザーの文脈に合わせて、複数のクリエイティブを出し分けることができる。これまでテレビCMありきで、おまけ的につくられてきた動画や、テレビとはまったく別にオンラインでバズることを目的にした動画コンテンツがほとんどでした。ちゃんとテレビCMとオンライン動画が連携してテレビCMというブランドの文脈とオンラインでのユーザーの文脈とで、同じブランドメッセージをより強く伝えるコミュニケーション設計をしなければなりません。具体的なプロセスとしては、まずオンライン動画のコア・アイデアをつくり、そのアイデアを基にセグメントしたユーザーの文脈に合うように複数のクリエイティブを試してみる。そこで配信した結果を踏まえて、効果のあったポイントを寄せ集めて、テレビCMのクリエイティブに終結させる。これにより、多額の投資が必要なテレビのCMの成功の確率を高めることができると考えています。

川崎：テレビにも出稿している当社のクライアントが、オンラインで動画を配信することが、テレビCMの「ダウンサイドリスク」をコントロールすることになると話していました。当たるかどうかわからないクリエイティブをいきなり何千万円、何億円もの費用を投じて、テレビで流すのはリスクがある。テレビCMの費用の一部を使ってでも、先にオンラインで流して検証し、反応のあったものをテレビで流すようにしているということなんです。1週間、スマートフォンのメディアで動画を配信する広告費は200万円程度。この費用を投じることが、結果的にテレビCMのダウンサイドリスクを低減させられるなら、全体として効率は高まる。テレビとデジタルを対抗軸で捉えるのではなく、「アンド」の関係で捉え、テレビCMのリスクもカットする。まさに、運用型の発想ですよね。

横山：最近、テレビのターゲットリーチのアクチュアルデータをリアルタイムに見ながら、テレビで取れなかったリーチをオンラインで補完して入札するための支援ソリューションの提供を始めました。これまでのメディアプランニングは出稿前にシミュレーションをしていましたが、僕は事前のシミュレーションには意味がないと思っています。競合ブランドがどう出てくるかや、ターゲット消費者がどう反応するかは事前にはわかりませんからね。広告のリーチほか、各種成果は変数があまりに多い。事前にプランを決め込むのではなく、証券会社のトレーダーのようにリアルタイムでデータを見て、運用をしていかないといけないでしょうね。DSPもクライアント側がリアルタイムに手を打つうえで、機能するツールだと捉えています。

広告接触はモードのマッチングが大事

横山：ターゲットリーチのその先、どのような環境やモードで接触しているか。これまでの視聴率ではテレビが点いていることはわかっても、実際に画面の先で人が視聴しているかどうかまではわからなかった。本書でも紹介していますが、今では家庭のテレビの受像機にカメラを取り付け、視聴者の状況を観測・把握するシステムなども開発されており、日本でもこれから視聴質測定のソリューションが広がっていくと感じています。スマートフォンでも広告のクリックだけではなく、より詳細なユーザーの接触態度の測定も重要になっていきますよね。特にテレビの補完としてのスマートフォンの活用が進めば、ブランディングへの寄与といった指標やデータも求められると思います。

川崎：僕は生産の道具であったＰＣと比較し、スマートフォンは消費の道具だと捉えています。加えて、消費の態度も能動的か受動的か、接するメディアによって態度が異なります。メディアプランニングを考える際には、まずこの能動と受動の軸が重要になると思います。たとえばYouTubeは受動メディアとポジショニングをする人がいますが、実際には動画にたどり着くまでにユーザー自らが検索をするという点で僕は能動的なメディアだとポジショニングしています。こう見ていくと、実はフェイスブックはアプリを立ち上げたら、眺めているだけで非常に受動的なメディアと言えます。「SmartNews（以下、スマニュー）」も受動的なメディアですね。こう考えると、テレビとフェイスブックで流れる動画は視聴態度が似ているとも言えるでしょう。これ以外に、そこで接するコンテンツが有用性の高いモノか、エンタメ軸に寄ったモノかの軸もありますが、こうした構造に目を向け、ユーザーのアクションを基にメディアプランニングをしていくことが必要ではないでしょうか。

横山：オンライン、特にスマートフォンはアクティブに接触するイメージを持たれがちですが、実はスマートフォンでもユーザーがパッシブに接する環境はたくさんありますよね。あと僕が注視しているのは、コンテンツ接触時のユーザーの「モード」です。かつて、総合広告代理店時代に医者は高所得者なので、高級車や高級時計の広告を医者向けの専門誌に出稿したら効果があるのではないかと皆、出稿していたと思いますが、仕事のモードで読む雑誌にクルマや時計の広告が載っていても響かない。モードのマッチングが大事なのだと学びました。

川崎：僕らの場合も横山さんの言うところの「モード」はとても重視しています。スマートフォンのメディアは、時間帯によって同じユーザーでもモードが大きく異なる。このモードをいかに捉えるか、各事業者がしのぎを削っています。たとえば「スマニュー」ユーザーの40代男性ですと、朝は硬派なニュースが6割でもモードに合っていますが、仕事終わりの帰宅時に今日の振り返りで為替相場を見たい…という人はあまりいない。寝る前はエンタメ要素が多くなるなど、ユーザーの反応が取り入れられています。プッシュ通知にも、この濃淡が現れます。

広告を打つ際も、スマートフォンの場合はデモグラフィック特性に「モード」を組み合わせて、プランニングをすることが重要だと思います。メディアを選ぶ際にも、どれだけ自分たちが狙うターゲットを内包しているかの軸だけでなく、狙うモードのターゲットをどれだけ内包しているかの軸も考慮したほうが良いでしょうね。

横山：先ほどテレビの視聴態度を測定できるツールの話をしましたが、オンラインのメディアはよりモードを測りやすい環境にありますよね。

川崎：スマートフォンは記事単位の閲覧時間だけでなく、どこをタップしたのか、どのようにスクロールしたのかまで把握できます。タイトルを見て記事に遷移したあと、スクロールの速さで流し読みモードになっているのかがわかります。スクロールの途中で指が止まれば、そこにユーザーが興味を惹きつけられる要素があったのか、逆に咀嚼できない要素があったのかも知ることができます。僕たちは「タイム&スクロール」と言っているのですが、この二つの要素を掛け合わせてみることで、ユーザーの記事ごとの興味関心度合いをより緻密に測定することができるのです。

これまでの広告は、リーチ最大化を目指してきました。しかし、これだけユーザーの時間の奪い合いが激しくなると、広告においてもリーチ×時間の面積最大化の発想が必要です。そして接触時間当たりのコストをいかに低減させていくか、という発想でプランニングを考える必要がある。僕たちも動画広告で言えばインプレッション数、動画の再生時間、完全視聴率などを掛け合わせて、接触時間1秒当たりの接触コストを算出するなどの試みをしています。

横山：ユーザーの時間という概念が入ると、さらにメディアのプランニングは変わっていきそうですよね。

川崎：一時期、オンラインの広告はアドネットワークに流れ、どのメディアに出すかが重視されず、ターゲットリーチが「一山いくら」で売られる環境になっていました。しかしモードや時間といった軸が、重視されるようになるにつれ、改めて、自分たちが狙いたいターゲットを内包するメディアを緻密に分析して選ぶ必要が生まれてきているように思います。

横山：面白いですね。実はテレビでも同じような傾向が出てきているんですよ。具体的に言えば、スポットからタイムへのシフトという逆戻りが起こると思っているんです。特に若年層をターゲットにすると、スポットだけではリーチ目標を到達するのは非常に困難です。そもそもターゲットの含有率が低下しているので。僕は、それならむしろ関東ローカルの深夜枠でもBSでも、自分たちのターゲットが観たくなるようなコンテンツの番組をつくって、一社提供してしまったほうが効率は良いと思います。

川崎：メディアの持つ編集方針、編成方針によってユーザーの属性もそしてモードも変わります。そしてメディアと広告主には確実に相性の良い悪いがある。僕たちメディア側も、この「相性」を数値で説明する義務があると思っていますし、様々なコンテンツ視聴動向を測定する技術がますます重要になってくると思いますね。

第6章

最新米国レポート

（取材：榮枝洋文）

米国のテレビ放映はケーブルテレビが中心であるため、そもそも選択して番組を観るという文化が根付いていた。新しいデジタルテクノロジーの登場も早く、データ分析技術の発達も早い。その分、米国では、日本よりも急速にテレビの視聴環境が変化しているのだ。ここでは、近い将来に日本でも起こることが想定される、米国でのテレビ視聴とオンライン動画の状況について、デジタルインテリジェンスのニューヨーク・オフィス代表である榮枝洋文の月刊レポートの一部を以下お読みいただきたい。

※本章のデータはすべて2015年末時点、円換算レートは$1=120円で計算

榮枝洋文（さかえだ　ひろふみ）
デジタルインテリジェンス取締役/ニューヨーク・オフィス代表

海外現地法人のマネジメント歴18年（中国・広州/香港、北米・ロサンゼルス/ニューヨーク）。アサツー ディ・ケイ現地法人ADK America/WPP GroupのCFO兼副社長を経て現職。広告・マーケティングのグローバル戦略における米系エージェンシーや独立系デジタル・エージェンシーとのシンジケート連携から、日本から米国へ進出するアドテクノロジー企業の支援ビジネスを展開。ニューヨークのアドバタイジング・ウィークをはじめ米国業界における最新情報をマネジメント目線で解説する現地セミナーには、聴講のためだけに訪米してくる経営層も多い。月刊で現地事情を紐解く「DI. MAD MANレポート」をメンバー企業に発行。共著に「広告ビジネス次の10年」（翔泳社）、「オンラインビデオ広告入門」（ネクストパブリッシング）。日本広告業協会（JAAA）会報誌コラムニスト。ニューヨーク現地邦人コミュニティへの貢献活動として、NPO法人JaNet（IRS 501 c－3資格）の理事長を務める。米国コロンビア大学経営大学院（MBA）修了。

テレビ通貨「レーティング」に新しい軸

日本ではビデオリサーチ、米国ではニールセンが「独占」状態にあるテレビの視聴率調査。聖域にあったこの「通貨」に、第三の通貨軸が現れはじめている。

マーケティング・広告の業界にいれば素直に気付く指標「クリエイティブのインパクトはどう評価するのか」は、依然最大インパクト指数だ。「ながら視聴の10人」と「涙を流した1人」は、メッセージを流した企業側からすればGRP値の大きい「ながら視聴の10人」を重要視して良いのか、という点だ。

コンテンツ＝クリエイティブの良し悪しの評価は、受け取る側＝視聴者側の心の捉え方を把握することが課題だった。これまではフェイスブックやツイッターなどのソーシャルデータを「視聴の質」としてテレビ（ビデオ）視聴データの面積に新たに「縦」を加えることでマネタイズする動きもあった。

（図6-①）

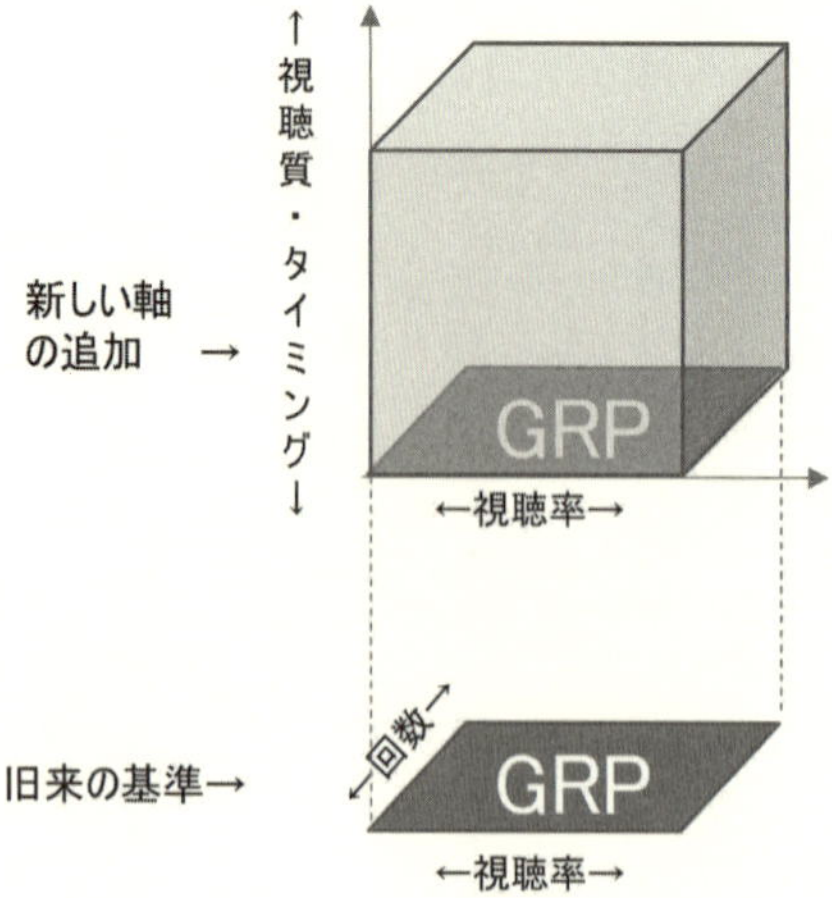

しかしこれらは「手元にある材料データを掛け合わせてなんとかできないか」という対処法的な指標である。生体認証や行動心理という新規のデータを科学的に集め、GRPの面積だけでなく「質の縦軸」として活かそうとする立方体の図式（図6－①）が、徐々にグローバルマーケターの間の基軸としてできつつある。

視聴率×回数＝GRPは「二次元の面積」の広さを評価対象としていたが、これに三次元の縦軸として「視聴の質やタイミング」から引き起こされる感情を数値化して縦軸をつくり、「立体容積」での評価するシンプルなモデルだ。

GRPに代わる新しい評価を提唱するのではなく、引き続きGRPは重要な指標として底辺面積のベースに存在させつつ、質の縦軸を加味して評価する。さらにはリアルタイムでの評価とオートマチックな施策との結びつきを蓄積するのがこれからの課題だ。

GRPの平面横軸データと、視聴質の縦軸データで立方体をつくる

レントラック、コムスコア、ニールセンの三社はテレビCM枠買付けのアップフロントでの注目度が高くなっている。前述した「面」のGRP精度を争うグループと言って良いだろう。レントラックはケーブル視聴のセットトップボックスやネット経由での6000万台のテレビ機のダイレクトな情報（センサス型データ）を集め拡大しているが、防戦のニールセンも1億1000万世帯の全米データ（ピープルメータ＋アンケート）との掛け合わせの部分で互いを牽制しあっている状態だ。ネットとテレビとの横断データはニールセンのNetRatings、コムスコアのMedia Metrixがお馴染みだ。いずれもGRPあるいはNew GRPの「二次元」での争いで、独占であった二次元データに競争相手が登場したのは、市場として好ましいだろう。

前述したGRP指標会社は、（図6－①）の「縦軸」である「質」の指標として「デジタル・エンゲージメント」と称し、ツイッターやフェイスブックでの書き込み、シェア数の相関を計って質指標とみなす、という「甘い」指標を付加し始めた。確かに、ソーシャル上でのスパイク（騒ぎ度合い）は、人の感情との相関はあるが、まだまだ「使えるデータを掛け合わせてつくった」既存データの組み合わせ様相であり、百人百様のデータ蓄積に結び付いたとは言いにくい。二次元GRP基点のデータ会社としては「より良いデータ」に仕上げたサービスとして捉えられる。

人間の脳の反応のうち95％くらいが無意識の影響であるのに、広告の測定は99％が意識下の「認知」という指標なのは矛盾している。人間の行動に関する調査は「ニューロサイエンス」のカテゴリーとして、意識下の理由や行動だけでなく、無意識の感情や行動のトリガーや度合いを計測する動きがある。

GRPというメディアプランの指標にクリエイティブスコアを加味して、「クリエイティブスコア＋メディアプラン＝ROI」を概念に提案しているフランス系の調査会社IPSOS（世界4位、ニールセン、カンター、アイエムエスの次）はリアルアイズ社と提携でエモーショナル・インテリジェンスを指標化している。顔の表情を認識する技術（フェイシャル・コーディング）を使って、モニター上の広告やビデオコンテンツから視聴者が反応する感情を「スコア化」してデータベースにする技術。つまりコンテンツの評価をテレビモニター前のパッシブ（受け身）状態の個人から直接摂取する方法だ。ハイネケンビール、Marsチョコでの実績を公表している。

「感情規範データベース(Emotional Norms Database)」を構築し、このデータベースにより感情的エンゲージメントを定量的に比較したり、あるいはグローバル企業であれば国別の反応の違いなども比較したりできる。たとえば、米国ではユーモアだとされる広告が、日本では人々の嫌悪を喚起することもある。

２０１２年頃から始まったこれらの「質の計測方法」は日本をはじめ各国の「ビデオ（ＣＭ）制作」の現場で研究されていることであるが、これらがいよいよ「配信側」での活用に移動してきた。

・「数値として有意なスケールに広げる」→全数に近づける

・A／Bテストのごとく、できた作品の評価である「事前クリエイティブ・テスト」
・事前テストにとどまらず、放映番組などの、ライブ視聴がどう作用したかの計測「リアルタイムのアクティブな評価」に近づける

「施策にまで結びつけるオートメーション化」に向けて、質の縦軸が動き出している。以下、米国での事情を解説しよう。

視聴データの主導権争いが始まる

デジタル・エコマップを発表するLUMA Partners社が「The Future of TV」と題した48枚のスライドをSlideShareで発表している（２０１６年2月）。これは業界全体の出来事が綺麗にビジュアル化されたスライドなので、英文だがわかりやすいので、ぜひご覧いただきたい。オンライン・ビデオに関する状況が俯瞰で見られる素晴らしいスライドシェアだ。（図6－②）

（図6-②）

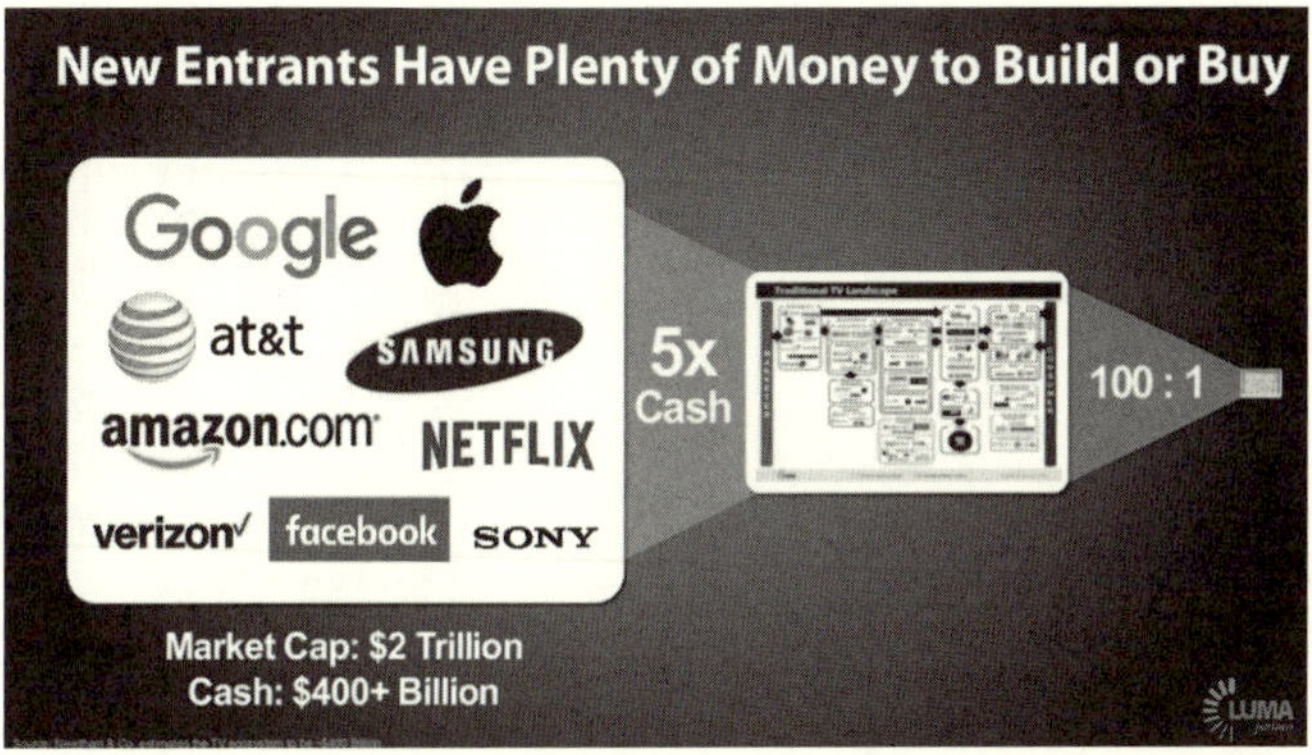

LUMA Partners作成のスライドより
出典：http://www.slideshare.net/tkawaja/lumas-upfront-summit-keynote-the-future-of-tv

上記スライドでは、オンライン・ビデオ市場に流れ込んできている資本は約47億ドルおよそ５６４０億円としている。そのオンライン・ビデオ市場は、トラディショナルの「テレビ（局）」業界と比較すれば、まだ１００分の１という小さい資本サイズである。ところが、投資余力の面から見ると、グーグルやアマゾンに代表されるデジタル系企業のグループはテレビ市場の５倍の企業価値を持っているのだ。このテレビ市場での通貨となるのが視聴率である。デジタル以前のテレビ媒体の価値判断は米ニールセンのＧＲＰ指標だけであった。しかし、今後はデジタル企業からの指標がどんどん登場してくる。米国での「視聴率」「視聴データ」の扱いの予兆に触れておきたい。

視聴データにはテレビ局側が注視していた「Ｗａｔｃｈ」側のデータと、消費者の購買データである「Ｂｕｙ」側のデータが融合して競争を生み出している。「Ｗａｔｃｈ」側データは23億ドル（約２７６０億円）マーケットに対し、「Ｂｕｙ」側データは34億ドル（約４０８０億円）マーケットとされている。「Ｗａｔｃｈ」側のパイに留まっていたニールセンは２０１５年「消費者購買データ」のプラットフォーム企業であるエクセレート社を2億ドル（約２４０億円）で買収した。エクセレート社の買収により「Ｂｕｙ」側に進出したわけだ。

「Ｂｕｙ」側のこの2年はオラクルが「Ｂｕｙ」側データ収集・分析の企業であるブルーカイ社を買収したことにはじまり、続いてデータマーケティング会社のアクシオムが同じくデータ企業のライブランプ社を買収。そしてさらにオラクルが年末にクレジット会社の購買データを保有するデータロジックス社を買収するという流れだった。

一方、「Ｗａｔｃｈ」側の傾向は、ケーブルテレビ局側では、すでにマーケター側からのプレッシャーに対応し、レントラック社をはじめにセットトップボックス（様々な放送信号をテレビで視聴可能な信号に変換する装置）経由で消費者（全数）データとの掛け合わせを提供し始めている。NBC Universalは親会社のネット配信会社であるコムキャスト提供によるAudience Targeting Platformの全数データの利用をマーケター側に提供しはじめた。Turner Broadcasting（傘下にCNN、TBSなど）もMarketShareの消費者データとの融合をサービス開始している。

マーケターから見れば「Buy」側にはオラクルをはじめとするデータ企業が競合し、「Watch」側には老舗ニールセンにレントラック＋コムスコアの合併（2015年）などの新しい指標が登場しはじめた。次に、「Watch」側のデータの取り組みについて見てみよう。

強い米ニールセンのテレビ視聴率牙城
広告主は自己防衛の視聴動向データへの投資へ

日本のビデオリサーチの視聴率と同様、米国の視聴率に関しても、ニールセンの独占状態の指標を疑問視したり、改善要求をしたりする声はほとんど聞くことがない。ニールセンの日記式の視聴調査のサンプル数が少なすぎるばかりに、小さな地方局がたまに自局の数字を「ゼロ」と表示され、不満を述べることはある。しかし利害の一致する大手キー局から否定的なコメントはなかなか出ないものだ（＝数値の過大計測の可能性が疑われる）。過去には、新聞社や雑誌社が指摘することがあったが、近年は「ビデオ」「モバイル」媒体をパブリッシャーは同時に抱えているので、ニールセンの発行する「トータルオーディエンス」レポートに対し、モノ言わぬメディアになってしまった。

そんな中、ポジショントークと割り引いても、WPPマーチン・ソレルCEOの発する視聴率に対するコメントはメディア視聴率の「捉え方」を示唆している。株主向けカンファレンスと業界セミナーで立て続けに「牙城崩し」がアドエイジに登場した。

結論としては、広告主側の立場ではソレルCEOの「広告主はエージェンシーのセリフにまどわされないこと」という提言は的を射ているが、氏のコメントすらも鵜呑みにできない。ニールセンの視聴率（視聴者数）のオーディエンス指標に加え、広告主は独自の指標を持ち、クロスさせることで数値満足度を引き上げるしかない。独自指標への投資は広告主側の責任範囲であって、この部分をエージェンシー（WPPを含む）側に任せると、同じ穴のムジナになる可能性がある。

それでもグローバルで指標統一する必要性のあるグローバル企業は、やはりWPPなどのグローバルリーチのあるバイイング会社（グループMなど）に指標を任せざるを得ないという、選択肢なきジレンマが存在する。「グローバルでの統一代替案」がソレルCEOのグローバル企業に対する「ウリ文句」と考えれば良いだろう。

WPPはニールセン・データの補助手段として、別の視聴率計測会社であるレントラック（セットトップボックスから視聴率を引き出す）へ15％出資、そしてオンライン視聴計測のコムスコアに20％の出資をしている。これにWPPは傘下の調査会社カンターの消費者データと掛けあわせることで、グローバル・サービスを提供し、ニールセンへの一本足状態を防いでいる。この組み合わせは日本ではおよそ「使えない組み合わせ」で想像しにくいかもしれないが、グローバル・サービスとして成立している。グローバルに目線を置いた場合は、日本の「局地的な」ことはあとで調整すれば済むことで、まずはどれほど欧米主要マーケットがカバーされているのかが採用の決め手となる。この原稿を書いている時に「コムスコアのレントラック買収合意」のニュースが入った。仕掛け人は両社の株式を「あらかじめ」保有していたＷＰＰだ。いよいよグローバル指標の新しい基軸が生まれる時がきた。

ＷＰＰはこれらのデータに加え、Xaxis（ＷＰＰのデジタルバイイング部門）とApp Nexus（アドテクプラットフォーム、ＷＰＰが15％シェア）と豊富な資金力で「プライベート・マーケット・プレイス」を提供する。これでＩＢＭ、コカ・コーラ、ユニリーバ級のグローバルクライアントは「ほかにチョイスがないので使う」ことになる。

我々が日本のマーケター（広告主）の参考にしたいのは、シード時期から立ち上がったテクノロジー企業に対する、ＷＰＰらの投資の動きだ。シード段階では見えずとも、投資ラウンドＢ－Ｃ（※22）あたりから、メディアエージェンシーはテレビ視聴率を補完したり、マルチスクリーンでシンクロさせる技術の会社に投資したりしている。たとえば次のようなスタートアップ企業は、テレビ視聴につながるデータを独自に集めはじめている。視聴率よりも視聴の質を計測したり、視聴者の次の行動をセカンドスクリーンでつないだりする技術だ。

Affectiva（アフェクティーバ）：合計約24億円（２０００万ドル）の集めた投資資金のうち、ＷＰＰは約３・６億円（３００万ドル）を傘下の調査会社カンター／ミルウォードブラウン経由で投入（２０１２年）し、ＭＩＴメディアラボと共同で人の視聴動向、エモーショナルな指標を取る技術を開発している。

Civolution（シヴォルーション）：シリーズＡ段階で約24億円（２０００万ドル）。フィリップスからのスピンオフで、「テレビ映像の透かし、指紋認証」を取るシステムで視聴動向を記録し、マルチスクリーンでのターゲティングまでつなげる技術を持つ。

SambaTV（サンバＴＶ）：シリーズＡ段階で約10億円（８３０万ドル）を集めた。ケーブルテレビを含むセットトップボックスから受信できる映像情報「テレビの指紋認証」を察知し、付近のセカンドスクリーンに関連情報を流す。

iSpot.tv（アイスポットＴＶ）：シリーズＢ段階で約33億円（２７８０万ドル）。全米１０６チャンネル局、毎日６０００番組から吸い上げる10万本のＣＭをフィンガープリント技術で記録し、人の関心動向を追い、セカンドスクリーンにターゲティングを行う。すでにP&G、ホリデイ・イン、アメックスなどが利用。

マルチスクリーン視聴になろうとも、米国の700億ドル(8・4兆円)のテレビCM市場における「テレビ単体の視聴動向」は、引き続きマーケティングを左右する指標だ。視聴率では手の届きにくいネットフリックスやネットコンテンツを含め、「リーンバック(ながら視聴を含む、なんとなく視聴)で人が何を視聴しているのか」のデータをいかに取得するか。そしてその先にある人の行動予測は「視聴率」だけでは予測できないものだ。視聴率と、一次データである自社商品の購買データをブリッジさせる「視聴行動データ」にどう投資できるかは、広告主のアンテナと目利き次第となる。

「視聴率」を捨て、エンゲージメントでバズ・フィードと競うテレビ局

米国のテレビ局が競う「ビジネス基準」が、「視聴率」でのチャンネル同士の「%」競争から「インプレッション数」の積み上げ競争に移ってきたのが10年程前。現在はさらに

それを通り越して「エンゲージメント」指標での刺さり度合いの競争が始まった。今やテレビ・チャンネル局の競合相手はネットフリックス型のサブスクリプション・モデルよりも、「分散型・コンテントメディア（Distributed Content）」のバズ・フィードやハフィントンポストという構図が見えてきた。テレビ局の「脱皮」方向に注目してみる。

バズ・フィードが掲げる企業スタイルは「コンテンツ・マーケティング・テック・カンパニー」。各テレビ局が真似ずとも、脱皮してこれを意識する戦略に向かうに違いない。これまでの利権であった電波やケーブルというインフラに、コンテンツの配信を頼らない新ビジネスモデルを追う。コンテンツ（ニュース、ビデオ、VR、ゲームなど）をどう買い付けてマーケティングし、テクノロジーでどう拡散（エンゲージメント）コントロールするかが、ざっくりとしたビジネスモデルになった。テレビ局の「脱皮」の報道があったのは2015年11月。FOX Broadcasting Company（以下、FOXチャンネル）が「視聴率を捨てた」と報じられた。日本では気付きにくい事件の一つだろう。

ルパード・マードック率いる21st Century FOXの傘下にあるFOXチャンネルが、放映翌日に発表する「ライブ視聴＋同日視聴率（Live-plus-same-day）」の自社公表を今後行わないことを宣言したのだ。「ライブ+同日視聴」はかつて、テレビ番組の金字塔となる花形指標であった。しかし小規模でプレミアムチャンネルのHBO、AMC、USAチャンネルなどがこの「ライブ+同日視聴」の数字を追わない（基準としない）ことを発表した頃から、使えない指標になる予兆はあった。大規模の「全国ネットワーク」チャンネルがこれを決めたのは、今回のFOXチャンネルが最初となる。ネットワーク・チャンネルの並列競合はABC、CBS、NBCのいわゆる「ビッグ4」チャンネル達である。程なく残りの「ビッグ4」の三社も追いかけてくるのは間違いない。

2007年頃からDVD録画の普及に伴い、「ライブ+同日視聴」の指標よりも「翌日3日間合計視聴率（C3）」がテレビ・チャンネル局側での番組販売の価値基準として流通していた。下がりゆく「ナマ」視聴に対して、C3は3日間の合算なので同日だけよりも当然数字が高くなり、スポットの価値を高く見せやすい。近年はエスカレートして「7日間合算視聴率（C7）」がテレビCM枠販売のスタンダードになりつつある。3日や7日間の合算となると、瞬間を語る「率」、「%」は似つかわしくない。「合算総数=インプレッション」の概念に自然に移行していた。

前述の流れもあり、米国のマーケターやエージェンシーの目線では、日本で親しみのある「テレビ視聴率（Rating）／GRP」よりも実はターゲット・インプレッション（Viewer：視聴者数）の総計を重要視していた経緯を説明しておく。合計何個の視聴の目玉を積み上げたか（インプレッション数が取れるか）のコスト効率を考えるのが米国でのテレビメディアプランであった。

この理由はケーブルテレビ配信を経由して全米に広がる100を超える地方区分と、視聴者側には数百のチャンネルが存在し、視聴の掛け合わせ集計にチャンネルごとに分母が違う「%」表示を横で並べても意味がないからだ。たとえば「2万人しか見ないオクラホマの20%と、30万人見るニューヨークの3%を合算できない」のは想像できるだろう。自然とViewer（視聴者数）を数えるようになる。

あるいはチャンネルが多いがゆえに米国の番組の大半は「1%～数%」という視聴率なのだ。「%」数字で追いかけては意味のない小数点以下の数字競争にもなりかねない。たとえば「視聴率1・5%のMTVと0・5%のタレント料理番組の差異」の比較に有意差が見出しにくくなる、錯覚のバイアスも働く。

よってDVDが登場した頃の10年以上前からインプレッション数の合算が自然にテレビのメディアプランに採用されていたので数の合算であるC3、C7の概念そのものは受け入れられやすい素地があった。C3、C7等はあくまでテレビ・チャンネル局側＝全国ネットワーク・チャンネルの枠販売の「値決めのための数字」と考えれば良いだろう。

話をFOXチャンネルに戻す。チャンネル側のトレンドとしては、「ライブ＋同日視聴」の数字はすでに、前年比なんと10〜20％落ちの状況であった（日本で騒ぎになったフジテレビの不振数字は1年遅れの現象であり、単なる序章だ）。FOXチャンネルは数字の稼げる「C3」そして「C7」と都合の良い数字に移動、採用していた。

FOXチャンネルの今回の判断は「リビングのテレビ受像機」を基準とした「3日、7日の合算」を拾い上げるのではなく、マルチプラットフォーム上で見られるすべての総数こそが大事だ、の考えがある。自社制作のコンテンツのマネタイズのプロセスにおいて「ライブ＋同日視聴」のニッチ基準は、今後のビジネス方針に合わないと判断した。

補足するとFOXはもちろんライブやスポーツなどの生イベント放映では引き続き「ラ

イブ＋同日視聴」は残す。発表したのは、番組、ドラマではマルチプラットフォームから累計する総インプレッションを自社の基準とすること。また、視聴率計測のニールセン社による第三者発表は継続して行われる。

ＦＯＸはほかのチャンネルとの価格比較において、自社だけが「ライブ＋同日視聴」の比較指標が欠落するのは販売交渉に不利に働く可能性が大きいことを覚悟のうえで踏み切った。「自社内における言語および対外言語を塗り替えることで全社員の、マインドセットも切り替える」とＦＯＸのＣＥＯ発で社内外に「覚悟」を啓蒙した形だ。

ちなみに、クロスプラットフォームでの集計はニールセンが発表するTotal Content Ratingや、レントラックを買収したコムスコアが提供するXmedia、Symphony Advance Media社が提供するVideoPlusなどの指標が存在する。ニールセンはTotal Content Ratingを２０１５年内に発表する予定だったが現時点で遅れている状態だ（日本仕様はさらに遅れるだろう）。

計測方法そのものよりも、ＦＯＸチャンネルをはじめとする「コンテンツ制作チャンネル」として重要なことは「ケーブルテレビ」というコンテンツの「送信パイプ」を捨て、どの「パイプ」を経由しようが最終的に見てもらえるオーディエンスを確保するビジネス（営業、拡散）を行うこと。そしてそのつながり度合いを深めることがマネタイズの中心になるので、つながりを強化するテクノロジーと二人三脚で進化すること。この視点からビジネス・ライバルとしては、ソーシャルのプラットフォームに展開するバズ・フィードやハフィントンポストをはじめとする「分散型メディア」らが、ビジネス比較の対象となってくる。まさに「テレビ局の敵は、テレビ局にあらず」。

参考：http://www.adweek.com/news/television/here-are-answers-all-your-questions-about-nielsens-total-audience-measurement-167663

分散型メディアと対抗するFOXチャンネルはどのような位置にいるのだろうか。巨人フェイスブックが始めた「インスタント・アーティクルズ」が微妙に影響を及ぼしてくる。「テレビ単体でのパーセンテージ」の指標から、「マルチプラットフォームの総数への指標」の変更は、業態の変化に伴う当然の補足事項だ。それより肝心なのはその指標を活用するマーケター側の打ち手（発信コンテンツの内容とその配信先）を考えることがFOXチャンネルらのマネタイズのコアだ。

旧態のテレビ・チャンネルではマーケターが欲しがる「ミレニアム層」が、まったく取り込めないお手上げ状態ではある。ＦＯＸチャンネルやＡＢＣやＮＢＣは自社コンテンツへの驕りを捨てて、マーケターの「打ち手」に応えるべく、どのような戦略を展開しているのだろうか。

（図６－③）はソーシャル上のニュースの広がりを計測するSpike.newswhip.comが計測した２０１５年10月のフェイスブック上での月間コンテント・ランキングだ。「分散型」のバズ・フィードの３５００万回（ライク＋シェア＋コメントの合計）、ハフィントンポストの３３００万回はうなずけるとして、ＦＯＸニュースが３０００万回と続いている。これは自社のFOX.comでの数ではなく、フェイスブック上でのインストリームの数字であり、さらにインプレッションから生み出した「シェア」というエンゲージのランキングであることを強調しておく。

フェイスブックは「インスタント・アーティクルズ」のサービスを開始し、ニューヨーク・タイムズ、バズ・フィード、ＢＢＣなどがコンテンツ提供社として名乗りをあげ、続けてワシントン・ポスト、タイム、ＶＯＸなどが追加になり、アジアも約50社（中国ＣＣＴＶ、台湾アップルデイリー、香港Ming Pao Dailyなど）が決まった。ワシントン・

ポストはすべての記事をフェイスブック（今や16億人ユーザー）の「インスタント・アーティクルズ」上で配信する。

（図6-③）

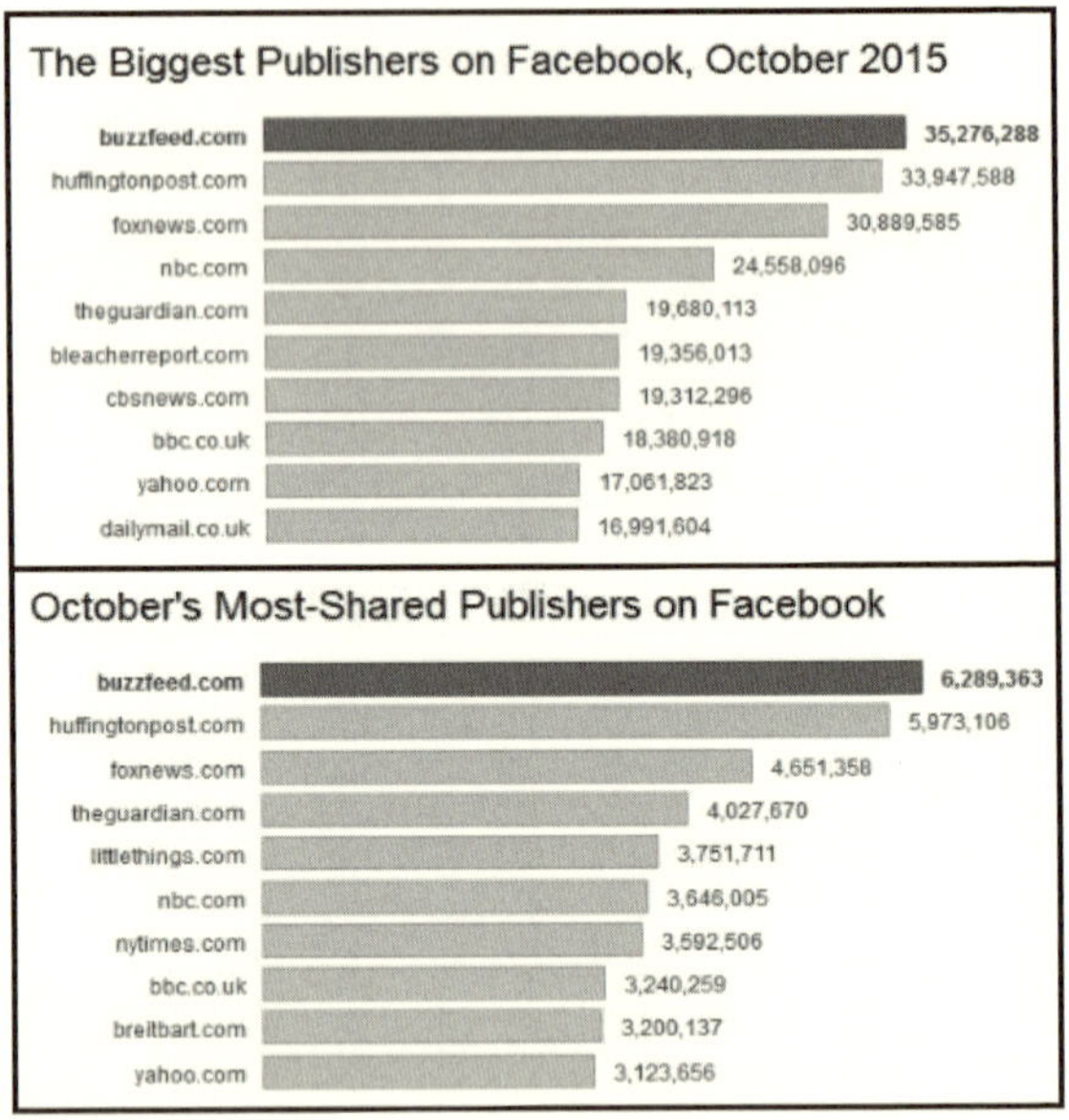

フェイスブック上でのランキング。上段はライク+シェア+コメントの総数、
下段はシェアだけのランキング。バズ・フィードとハフィントンポストが
抜きん出ているが、旧態のテレビ局であるFOXが健闘と、NBC、ニューヨーク・
タイムズ、BBCなどが入っている。日本のパブリッシャーも
世界の中での立ち位置の数値を追いかけなければならない。

注目はＦＯＸチャンネル、ＮＢＣ、ＣＢＳ「旧テレビ・チャンネル」ですら分散型のコンテンツと充分張り合えるレベルのコンテンツを保有、発信していること。（図６－④）の数字はシェアの「そのまた先のシェア」を含んでない一次ファンの集計であるケーブルに流しっぱなしのテレビ時代と比べて、旧チャンネル群がハフィントンポストらの「分散型」の企業に差し迫る数の「ファン」を獲得しているという大きなシフトに気付く。同じ計測を日本のテレビ局（チャンネル）で実施した場合に、ソーシャル上でここまでコンテンツのオンライン視聴の存在感をつくれているだろうか。また計測側も、単なる閲覧数、登録数だけでないエンゲージメント指数を取っていく必要がある。さらに欲を言えば「日本単体」の数字やランキングはあまり意味をなさなくなるので、世界計測の中での座標確認を行い公表して欲しい。日本だけの井戸の中では桁が一つ小さい単位になるはずだ。

この米国での事例を「アメリカではそうだが、日本では」という二次元で考えてはもったいない。デジタルとグローバルは同義である。この米国でのＦＯＸチャンネルらのいち早い動きに対して気付いた戦略シフトは、必ず日本のテレビ局で起こることだ。

（図6-④）

The Biggest Publishers on Facebook, October 2015

Rank ▼	Publisher	Article Count	Likes	Shares	Comments	Total FB
1	buzzfeed.com	8,324	22,549,821	6,289,363	6,437,104	35,276,288
2	huffingtonpost.com	22,921	22,497,908	5,973,106	5,476,574	33,947,588
3	foxnews.com	60,263	21,266,949	4,651,358	4,971,278	30,889,585
4	nbc.com	30,622	16,593,762	3,646,005	4,318,329	24,558,096
5	theguardian.com	15,348	12,164,886	4,027,670	3,487,557	19,680,113
6	bleacherreport.com	7,384	16,952,289	1,044,182	1,359,542	19,356,013
7	cbsnews.com	37,168	13,420,104	2,852,376	3,039,816	19,312,296
8	bbc.co.uk	33,609	12,166,151	3,240,259	2,974,508	18,380,918
9	yahoo.com	331,698	11,016,419	3,123,656	2,921,748	17,061,823
10	dailymail.co.uk	43,928	11,702,326	2,523,593	2,765,685	16,991,604
11	nytimes.com	9,335	10,185,854	3,592,506	2,933,290	16,711,650
12	mirror.co.uk	12,477	12,940,451	1,126,529	1,366,540	15,433,520
13	littlethings.com	1,506	9,999,468	3,751,711	978,385	14,729,564
14	breitbart.com	12,617	8,004,274	3,200,137	3,304,895	14,509,306
15	cnn.com	7,865	8,887,340	2,352,414	2,638,098	13,877,852
16	indiatimes.com	41,299	11,628,235	1,281,744	900,919	13,810,898
17	goal.com	32,100	11,789,287	128,994	318,486	12,236,767
18	mtv.com	2,035	10,757,914	618,700	545,025	11,921,639
19	iflscience.com	683	8,641,588	1,829,324	1,432,090	11,903,002
20	conservativetribune.com	902	6,905,294	2,806,174	1,581,846	11,293,314
21	washingtonpost.com	13,244	5,914,708	1,870,133	1,834,794	9,619,635
22	moviepilot.com	7,248	7,665,196	1,073,928	772,803	9,511,927
23	247sports.com	5,287	7,259,905	822,441	944,542	9,026,888
24	manchestereveningnews.com	2,846	8,167,604	312,606	375,775	8,855,985
25	independent.co.uk	8,254	4,794,825	1,551,174	1,611,668	7,957,667

フェイスブック上での「いいね」+「シェア」+「コメント総数のランキング」。
単なるインプレッションの数ではなく、エンゲージ面との数を集めてランキングしている。

出典：http:/wwblog.newsship.com/

ネットフリックス対アマゾンのImplicit Data（潜在データ）争い

アマゾンと動画配信サービス最大手ネットフリックスは、データの潜在意識下に入り込むことで成功を収めている。ネットフリックスは２０１５年第１四半期の決算の発表では、市場コンセンサスを上回り14％も株価が跳ね上がった。右肩上がりの報道には慣れてしまったが、ネットフリックスの企業価値がこの時点で３３９億ドル（約４兆円）となり、米テレビ企業大手ＣＢＳコーポレーションの時価総額３０７億ドル、音楽チャンネルＭＴＶを傘下に持つ米ケーブル大手バイアコムの２８６億ドルを上回った。

報道では新規の加入者が増えたことを上昇の理由とし、すでに飽和状態と言われる米国市場の加入者が４０００万人の大台を突破し、海外市場で２０９０万人、合計６０００万人を超えた。これまで月額１００〜２００ドル払っていたペイテレビ（ＣＡＴＶ・衛星・電話会社などが提供するテレビ配信事業）からの解約（コードカッティング＝ケーブルを切る）傾向に拍車をかけたネットフリックスの月額は8ドルだ。

視聴者はネットフリックスにさえ申し込めば、放送後のテレビ番組や、劇場で公開済みの映画が見放題なだけでなく、「ハウス・オブ・カーズ」などの新シリーズを筆頭に、巨額の制作予算を投入したオリジナル作品が見られる。ネットフリックスはドラマだけでなく、ライブアクションからコメディーなどにまでコンテンツ幅を広げている。

ニールセンが発表したレポートによれば、すでに米国世帯の5軒に2軒以上がネットフリックスのサービスに加入している。サブスクリプションがこれほどの浸透率というのは昔の新聞でも達成できない程の数字だ。そして有料オンデマンド（ＳＶＯＤ、Subscription Video On Demand）カテゴリーで忘れてはならないのがアマゾン。アマゾンのデータ囲い込みの基幹商品「プライムメンバー」であれば、自動的にＶＯＤ「アマゾン・インスタント・ビデオ」が見放題になる。プライム年会費は99ドル。ネットフリックスに負けないオリジナル作品を投入し世帯の13％まで浸透させ、２０１５年はゴールデン・グローブ賞を受賞する作品も登場した。ＳＶＯＤ老舗であったはずのHulu(ディズニー、21世紀フォックス、ＮＢＣユニバーサルなどが出資)の有料サービス「フールー・プラス（月額約８ドル）は浸透率６・５％に留まる。（出典：Total Audience Report2014 執筆時点での最新情報）

テレビ本来の視聴スタンスの「ながら視聴（受け身視聴）」で、レコメンデーション（お勧め）がサクサク現れるのはテレビ視聴者には気付かぬとも、重要な要素だ。そのことにまだ気付いていないかもしれないが、ネットフリックス視聴の75%はレコメンデーションから視聴される。自分へのレコメンデーションから視聴するために、世帯でシェアをするテレビモニターへ視聴者自身がわざわざログインしてしまうのである。これで「個人視聴率」の計測どころか個人の視聴傾向までも蓄積されていく。性別年齢、地域、収入などの「デモグラ」に左右されることなく、たとえば、アクションムービーを好む70歳代の女性や、ロマンチック少女物語を好む10代男子と細かくセグメントしていく。

ピープルメータやアンケートで採取できるデータは、自己申告する本人が自覚している=能動の「明確なデータ（Explicit Data）」だ。検索結果や、フェイスブックやツイッターでのシェアや言動データもこのカテゴリーに組み込まれる。しかし、時には本人さえも自覚していない潜在意識や価値観が現れる行動データである「潜在的なデータ（Implicit Data）」に力点を置いてネットフリックスやアマゾンは「先回りして」蓄積し、仕掛けてくる。

日本でも発売されたのと同様、米国で販売されているテレビ（受像機）は、すでにNetflix Recommended TV（ネットフリックス対応済みテレビ）」が人気だ。ＬＧ製、ＳＯＮＹ製、ＲＯＫＵ対応型のHisense/Insignia/TCLと、種類に幅がある。先ほどのアマゾンDashと同じく、Implicitデータを入手するにはＩｏＴの延長で家電にデータ収集機能を組み込むほうが、相性がいい。「ネットフリックス対応済み」という言葉が、テレビメーカーのディファクトスタンダードになる可能性もある。米国にはネットフリックス登録者は４０００万人存在する。

１０００種類のビデオを制作放映した、レクサスのフェイスブック利用法

２０１５年のカンヌ・クリエイティビティフェスティバルで発表され、米アドウィーク紙の「2015 Media Plan of the Year」に輝いたレクサスのキャンペーンを科学してみる。１０００を超えるセグメント一つひとつに対してビデオ要素を適合させ、フェイスブック上でビデオ・キャンペーンを放った。これの意味する所はなにか。

まず、キャンペーンの概要とその結果を見てみよう。（図６−⑤）

（図6-⑤）

車種：	レクサス（高級SUV車種）
エージェンシー：	Team One（サーチ＆サーチ）
配信ベンダー：	Unified
配信開始：	2015年2月
地域（言語）：	米国（英語）
ターゲットセグメント：	2742
コア・ターゲットセグメント：	675
コア・ターゲット地域（都市）：	上位16地域
準備したビデオ種類：	1076種
作成したフェイスブック広告バージョン：	3992種
リーチ：	1120万フェイスブック・ユニークユーザー（View数もほぼ同じ）
アウェアネス目標：	ゼロ→40%（3ヶ月で達成）
販売目標：	4万台（3ヶ月で112%達成＝4・5万台販売）（4万ドルで試算すると、18億ドル売上＝2100億円）
Viewコスト：	4セント（約5円）／View（ほかの自動車カテゴリーの300倍効率）（掛け算すると45万ドル＝5000万円程のViewコスト）
想定CPVとの比較効率：	70%UP
エンゲージメント率：	26・6%
エンゲージメント率の比較効率：	16倍UP（自動車業界の通常エンゲージメントを1・50%と仮定して、ベンダーとフェイスブックとレクサスの過去データの自社比較）

※上記データに、企画、クリエイティブ、マネジメントなどのフィーは含まず。

極論をいうと「2000億円以上の売り上げを5000万円の（オンライン）メディア費で稼いだ」キャンペーンである。もちろん、手作業やクリエイティブフィー、プラットフォーム・マネジメントのコストはあれど、テックベンダーを巻き込んで成し遂げている。アイデアそのものはシンプルだが、大手のレクサスが方法論とコスト効率の不明確な中、先陣を切ったところが非常に新しい。ほかの自動車企業も追随するに違いない。さらなる効率化されたエグゼキューションが生まれるだろう。ローンチ時にはテレビスポットも存在し、2月にはスーパーボウルでの合わせ技も存在している。

レクサスの事例はなにを意味するのかといえば「アドレサブルTV（ターゲットセグメントごとに個別メッセージを送るテレビ配信）」が登場したも同然ということだ。オンライン動画広告をユーザー別に1000種類を配信分けできたのなら、1万種類、10万種類もいずれ可能になり、そのうちコマーシャルだけではなく、番組そのものも個人版として別ストーリーが配信されたり、逆にオプトアウト希望者には大衆版を選択したり、という運営に変化していくだろう（米国ではサイマルTV、ディッシュTVなどがすでにアドレサブルTVの広告サービスを展開している）。

高額商品である自動車のカスタマージャーニーにおいて、最重要部分はファネルの最上位の「ディスカバー（気付き）」ステージ、と言われる。ファネル下部でのディーラーでの刈り取り部分も重要だが、ディーラーにまで足を運んでもらう以前の「自分で意識していない」ステージに、新車種が好印象で食い込むことが購買動機に大きく関与する。

テレビのCMがほかのメディア・コミュニケーションより強いとされる特徴は「ながら視聴」、「無意識視聴」、「パッシブ視聴」の視聴者行動が、ディスカバー・ステージに大きく寄与するからだ。ところが実は、フェイスブック上のビデオでもこの役割に近い「暇つぶし」「なんとなく」の視聴形態が生まれており、観たいものを能動検索で観ているYouTubeと視聴の傾向が違うことに気付くだろう。2018年にはユーザーの利用トラフィック量の80%がビデオで占められるだろうとも言われるフェイスブック・ビデオの特性は、人々の「余剰時間」に食い込めて、無意識に近い領域で埋め込みやすい性質を持つ。声を小さくして述べるが、実はこの「無意識領域」にいかに入り込むかが、マーケティング戦略の一等地である。「お勧め」に長けるアマゾンと、VRにまで進出したフェイスブックが取り合いしている領域であり、科学としてマーケターの資産になる領域なのだ。

オンライン・ビデオの強みとして、インタラクティブ性が挙げられていたが、フェイスブックでのビデオは一方通行の受け身インプレッションだけでも、最重要の「ディスカバー・ステージ」の目的が充分達成できている。さらにシェアなどのエンゲージメントが生まれるならボーナスのようなものだ。ディーラーのYouTubeチャンネルにどんなにカッコ良い車種のビデオを置いても、なかなかインプレッションを稼げなかった。しかし、エンゲージメント率を稼げるフェイスブックではCMで興味獲得できたユーザーをさらに「コンテンツビデオ」のサイトまで連れてこられる。リターゲティングを含め、シークエンシャル（カスタマージャーニーの一連の流れ）に沿って順次に深いコンテンツを当てることもできる。

余談だが、米国の自動車のディーラー（販売）を担当する広告・マーケティング企業は、取扱高も大きいが手作業も膨大である。「車担当」を経験した方、あるいは周りの担当企業を見ればうなずけるだろう。よって、米国のすべての自動車企業には「専門の」ビスポーク・エージェンシーが息長くパートナーとして張り付いている。今回のTeam Oneは1989年からサーチ&サーチ（ピュブリシス）の傘下として、トヨタ・レクサスを担当している。

どの自動車ディーラー担当エージェンシーにも常に共通する課題は次の三つ

①「一貫したブランドメッセージを保ちつつ、販売を直結させる」―― 販売高だけを追ってはいけないブランド規律がどの自動車ブランドにもあり、いかにトータルでブランドの価値を高めるかを中央で配慮しつつ、各地域の販売を引き上げるか。

②「リージョナル（全国）と150地域ローカル（地方）にキャンペーンを同時に実行する」―― 日本の国土の25倍の米国で、さらに地域は150地域に分けられる土俵で全体と地方の協調性を保った販売キャンペーンを行うこと。日本の流通キャンペーンを行った経験者の苦労の、さらに25倍という卒倒するスケールがある。

③「前記、リージョナルとローカルの混合レポートを一元一括で管理する」―― これまではテレビCMキャンペーンでさえ、手作業で管理していた部分だ。これによって得られたコントロール指標がリアルタイムで次の判断をするマーケター側に提供されること。

これを一気に叶えるのがフェイスブック上でのビデオ・キャンペーンと管理ということになる。テレビ局や新聞社、あるいは「能動検索」のグーグルでは提供できなかった（ビデオ）アドレサブル配信を、フェイスブックがプラットフォーム管理付きで可能にしてしまったのだ。

配信ベンダーのUnifiedは、1000ビデオ、3000広告種をプラットフォーム上でハンドルするテクノロジーとスキルのあるオペレーターと強靭な組織を持つ。Unifiedは2011年創業のスタートアップで、投資ラウンドはシリーズB、約52億円（4400万ドル）の資金を調達し、ソーシャル分析系テクノロジーをすでに二社買収している成長企業だ。

日本のテレビ局はコンテンツ配信への準備をするべきだろう。このUnifiedの投資ラウンドB（2015年9月）を率いたのがiHeartMedia（前・クリアチャンネル）で、ラジオネットワークとアウトドアメディアの米国最大コングロマリットだ。米国の（旧）メディア企業は、ラジオ出身のiHeartでさえもが（グローバル）コンテンツ企業への投資だけでなく、ソーシャル上への分散化配信・管理テクノロジーへの投資を行っているのだ。

エージェンシーであるTeam Oneはすでにトヨタ、レクサスの次なる車種にも500バージョン「キャンペーン」を開始している（「ビデオ」よりさらに複雑化している）。VRを使ったバージョンや、テストモニアル（ユーザーお勧め）のバージョンなどが予想され、自動車予算が大きいだけに雪崩のようにビデオコンテンツが溢れることになるだろう。「Watch」側、「Buy」側のデータを揃えたうえで、行動影響の大きいクリエイティブの変数をどう当てるのか。マーケター各社は科学的知見だけでなく、さらにそれをどう組み合わせるのかというアートな作業の積み重ねも問われることになる。

※22
投資ラウンド … ベンチャーキャピタルなどがスタートアップに対して、投資をする段階のこと。創業のアイデアレベルでの投資はシード、起業したばかりでの投資はシリーズA、技術開発のみならず、事業として成功させることを目的とする投資はシリーズBと呼ばれる。以降の増資としてシリーズC、シリーズDと続く。

おわりに

「CMを科学する」には、従来テレビ広告のデータとしてはまったくなかったものが登場していると思う。広告ビジネス的には「わからなかったから良かった」という側面もあるのは否めない。いわば「不都合な真実」になってしまうということだ。

従来のデータで確立しているテレビCMの企画を実施している宣伝部からすると、「余計なデータを挟み込まないで欲しい」という声も聞こえてきそうだ。

しかし、1兆8000億円を超えるテレビ広告市場を最適化することは、広告主のみならず消費者にとっても、とてもいいことだろうと思う。なぜならこの1兆8000億円はもちろん広告主が払っているのだが、実際は消費者が払っていることになるからだ。新たなデータを駆使してテレビCM出稿がその効果効率を上げることができれば、それは消費者に商品やサービスの価値や価格として還元されるはずで、事業主としての広告主は、まさに消費者と向き合うために、まだまだ一番のマス広告メディアを「科学して、最適化する」ことを余儀なくされるだろう。

テレビは唯一のマスメディアになってしまった。マス4媒体と称してきたテレビ・新聞・雑誌・ラジオのうちテレビ以外はすでにセグメントメディアである。文中でも述べたが、テレビの到達力が落ちることで一番困るのは誰あろう「広告主」である。

ゆえに、テレビがまだその圧倒的な到達力を維持しているうちに、科学的なアプローチで効率化を果たさないといけない。テレビCMを科学して、その広告としての効率効果をそれぞれの広告主が最適化することでしか、この貴重なメディアを維持できないのだ。

その意味ではまさにテレビ局自身も、今こそ「広告主」と「消費者」のために、データを駆使した「マーケティング」を実践するしかない。おそらく今まで一度もマーケティングしたことがないであろうテレビ局がどうやってマーケティングしたらいいのかについても筆者は、この執筆を通じてかなりの確信を得た。

今はまだマス商材をコミュニケーションするうえで、「テレビを補完するデジタルメディア」という位置付けだが、これを逆転する時がくることも充分想定できる。テレビCMに携わる人にとっては、テレビが補完メディアとなってから「科学」しても遅いのであって、今こそ「テレビメディア」のために、また「広告ビジネス」のために、「不都合な真実」とするのではなく、むしろ積極的に実態の把握とその対策に「科学的データ」を活用することをお薦めする。

テレビCMの力を信じている人も、最近疑いをもっている人も、ぜひこの本をきっかけにテレビCMやデジタル広告をより良くするための「打ち手」を打って欲しい。

新たなデータは、当事者を困惑させるために登場したわけではなく、新たな解決方法を提示するためのものだからである。

横山隆治（よこやま りゅうじ）

1982年青山学院大学文学部英米文学科卒。同年、旭通信社入社。1996年デジタル・アドバタイジング・コンソーシアムを起案設立。代表取締役副社長に就任。2001年同社上場。2008年ADKインタラクティブ設立。同社代表取締役社長に就任。2011年デジタルインテリジェンス代表取締役に就任。ネット広告黎明期からビジネスの実践とデジタルマーケティングの理論化・体系化に取り組む。

著書に
『広告ビジネス次の10年』（翔泳社）
『新世代デジタルマーケティング ネットと全チャネルをつなぐ統合型データ活用のすすめ』（インプレス）などがある。

20

【実践と応用シリーズ】

CMを科学する

「視聴質」で知るCMの本当の効果と
デジタルの組み合わせ方

発行日　2016年　4月15日　初版

著者　横山隆治
発行者　東 英弥
発行所　株式会社宣伝会議
〒107-8550　東京都港区南青山3-11-13
tel.03-3475-3010（代表）
http://www.sendenkaigi.com/

印刷・製本　大日本印刷株式会社
装丁デザイン　SOUP DESIGN

ISBN 978-4-88335-364-4　C2063